力出一孔

企业如何通过股权激活员工打胜仗

洪千武 著

机械工业出版社

在快速变化和充满不确定性的时代，企业和员工之间的关系日益微妙，给企业发展和员工成长带来了新的挑战。员工"身在企业，心在外"，越来越多的诱惑让员工很难坚守在一家企业，新兴业态、共享工作、远程办公等形式层出不穷，如果缺乏独立思考能力，很容易在日新月异的变化中迷失。企业无人可用，外部人才竞争失利，招不到优秀人才；内部员工培养不出来，事事都要企业经营者亲力亲为才能拿到结果。企业对人才的期待也在发生改变，企业和员工的忠诚关系逐渐演变为共生共赢的联盟合作关系。

在这样的背景下，许多企业开始采用各种激励方式来挽留人才或激励员工更好地拿到结果。但如今，传统的股权激励方式已经不那么有效，如何加强企业与员工之间的连接，激活员工战斗力，打胜仗，成为企业面临的首要难题。

作者结合华为激活员工的方式，基于成长型企业的实践经验，总结出一种适合当下时代最好的激励方式——TUP，帮助企业解决激励难题。本书上篇"想分，但不舍得分"，让企业经营者从不舍得分钱到知道用什么方式分钱最好；下篇"九定模型"，让企业经营者从0到1学好、用好TUP这一"力出一孔"的激励工具，让员工脚下有路、心中有火、眼中有光、手中有"枪"，从而激发员工、激活组织，一起打胜仗。

图书在版编目（CIP）数据

力出一孔：企业如何通过股权激活员工打胜仗 / 洪千武著. —北京：机械工业出版社，2023.9

ISBN 978-7-111-73721-6

Ⅰ.①力… Ⅱ.①洪… Ⅲ.①股权激励—研究 Ⅳ.①F272.923

中国国家版本馆CIP数据核字（2023）第162389号

机械工业出版社（北京市百万庄大街22号　邮政编码100037）
策划编辑：胡嘉兴　　　　　　责任编辑：胡嘉兴
责任校对：宋　安　李　杉　　责任印制：单爱军
北京联兴盛业印刷股份有限公司印刷
2023年11月第1版第1次印刷
145mm×210mm·8.5印张·3插页·158千字
标准书号：ISBN 978-7-111-73721-6
定价：69.00元

电话服务　　　　　　　　　网络服务
客服电话：010-88361066　　机　工　官　网：www.cmpbook.com
　　　　　010-88379833　　机　工　官　博：weibo.com/cmp1952
　　　　　010-68326294　　金　书　网：www.golden-book.com
封底无防伪标均为盗版　　　机工教育服务网：www.cmpedu.com

序 一

在过去 40 多年的市场经济改革中,虽有无数"弄潮儿"涌现,但真正能够持续勇立潮头的企业寥寥无几。君子爱财,取之有道,用之有德。这句话的深意,又岂是一语就能道破的?所谓"财散人聚"只是一个大道理,身处竞争激烈的市场中的企业更关心的是"如何分钱"这样的实际问题!

无形之中,简约实用的"海盗分赃"模式似乎成为一种约定俗成的"分钱"方法。但"打粮食—分田地—打更多粮食"的循环能否持续,却是一个致命的灵魂拷问。现代文明中的企业有整套以股份制为基础的"现代企业制度"。在看似完美的制度下,胜者寥寥无几,更多的是"一地鸡毛"。

"以人为本"人人皆知,但"存天理,灭人欲"在企业家们忘我的艰苦奋斗中往往被下意识地通过"利他主义"

而被视为理所应当。更多的高层管理者、中基层管理者和员工更要"为稻粱谋"！理想面对现实有太多的无奈……

但优秀者自有优秀的道理！

华为作为崛起于世界企业之林的翘楚，自有值得更多中国企业学习的道理。回顾我 2010 年赴华为大学做"引导员"之时，正值华为贯彻"力出一孔，利出一孔"。作为系统研习管理学的科班出身，时任浙江大学管理学院院长之职，过眼众多企业兴衰之人，我亦为之深深触动。尤其是那句"不让雷锋吃亏"，为在商言商者树立了正确的价值观！

当我们深入研究华为管理之道时，不禁为它那一系列激人奋发的口号而击掌称赞！再探究竟，又何止于"口号"，背后那一系列深入、绵密、精致的管理体系才是华为成功的关键！

本书《力出一孔》是曾在华为从事人力资源管理工作的青年才俊洪千武老师以华为激活员工的一系列做法为基础，结合其数年来服务中小企业的实践经验，总结出一套有效的动态股权激励体系——TUP 的系统集成。本书第一部分"想分，但不舍得分"，直面企业经营者在实践中感到困惑的一系列问题：从打下"粮食"不舍得分，到不知道怎么分,再到认识到应该分,应该用好方法、好工具去分好;第二部分"九定模型",则为企业经营者提供了具体的 TUP 激励工具和方法,脚踏实地激发员工、激活组织,真正实现"力出一孔,利出一孔"的"使命共同体+利益共同体"以激发员工可持续的奋斗激情。从个人到组织,从短期绩效到战略绩效的有机关联,书中提供了一系列易于操作的方法和工具。

很高兴,华为不仅没有在高压中倒下,而且不仅成为向社会提供产品和服务的企业,更是向社会提供溢出人才和管理思想、方法和工具的伟大企业。相信本书的出版不仅会为更多的企业家提供有高度的启示和方法指引,亦会为众多人力资源管理人员,乃至基层员工提供明确的指引。

吴晓波

浙江省特级专家、浙江大学管理学院教授

序 二

《力出一孔》是一本阐释企业价值分配逻辑和TUP激励管理的力作。作者洪千武先生曾经在华为南美片区奋斗多年，年轻时就展示了他的独特眼光和管理智慧。在那里，他成功地实施了干部"三权分立"和自我批判，帮助干部实现认知与管理能力升级，使组织的运作效率和员工的满意度都有了显著的提升。特别是在委内瑞拉，他成功地解决了本地员工的发薪问题，在当时复杂的外部市场环境下这无疑是一个艰巨的挑战，但他与团队一起，用决心和智慧成功地解决了这个问题。

这种对企业管理问题的深入理解和成功解决，无疑证明了作者在企业管理领域的实践经验与学习功力。在我看来，《哈佛商业评论》2017年5月期刊封面的标题"WHAT GREAT CEOS DO DIFFERENTLY"中的"果敢、激励参与、主动适应、稳扎稳打"，正是作者在南美工作时的真实写照。他的"果敢"体现在他对企业战略的理解与本地化工作的果断决策上，他的"激励参与"则体现在他对员工权益的尊重和保障上。

如果说以客户为中心是做大价值创造的话，那么以奋斗者为本就是做好价值分配。要让组织充满活力，实现组织熵减，企业激励模式必须做出改革，传统的股权激励方式已经无法适应充满不确定性、变化和充分竞争的现代商业社会。

本书以华为为例，剖析了华为的 TUP 激励经验，结合自身对增量激励法的研究并配以丰富的实践案例，用九定模型系统地介绍了动态 TUP 激励制度，模型深入浅出，使读者易于理解和操作，同时还提供了详细工具和方法帮助企业实施激励措施。

本书不仅揭示了 TUP 激励制度的理论和实践，还帮助我们学习如何运用 TUP 激励制度，达成"力出一孔，利出一孔"，促进企业的发展和员工的成长。

基于作者对企业管理模式的深入研究和成功实践，我相信本书不仅对企业经营者有重要的参考价值，对人力资源专业人士也同样具有重要的操作指导意义。期待本书能为我国的企业管理实践提供新的思路和方法。

范厚华

深圳传世智慧科技有限公司创始人兼总裁

前　言

利出一孔，力出一孔

为什么企业经营者觉得经营企业越来越难？在日益艰难的环境下，企业该何去何从？牛顿曾经说过："如果说我看得比别人更远些，那是因为我站在巨人的肩膀上。"我们也可以站在巨人的肩膀上寻找问题的答案，比如从华为的成长史中，找到答案。

华为创立时共筹集资金 2.1 万元，35 年后销售收入逾 6000 亿元。从无人问津到享誉国内外，从默默无闻到行业领先，创造了企业发展史上的一大奇迹，吸引了无数人来探究。那么，华为的成功从何而来？华为是如何（用管理的确定性）应对（市场、环境和人的）不确定性的？

有人说，华为之所以成功是因为任正非总是能做出正确的战略选择，华为始终能在正确的道路上前行。人无完人，从 1998 年到 2002 年，任正非因决策失误，使华为陷入内忧外患的境地。任正非曾发文袒露自己的心声："2002 年，公司差点崩溃了。IT 泡沫破灭，公司内外矛盾交集，我却无力控制这个公司，有半年时间都在做噩梦，梦醒时常常在哭。"在生死存亡的危急关头，华为的诸多骨干员工挺身而出、精诚协作，使华为转危为安。任正非因此感慨道："真的，如果不是公司的骨干们在黑暗中，点燃自己来照亮前进的路程，现在公司早已没有了。"

有人说，华为的成功源于其先进的管理制度和管理方法。与大多数创业企业、中小企业一样，华为在创立之初并没有有效的管理方法，甚至用"野蛮生长"来形容也不为过。只是在企业慢慢走上正轨后，华为不断向 IBM 等国际知名企业学习、借鉴，并创新了诸多管理方法。那么，华为为什么能学成功？使学到的东西与华为自己的企业文化相融？

有人说，华为成功是因为注重研发。据华为 2021 年年报显示，华为 2021 年投入研发费用 1427 亿元，占全年收入的 22.4%。且华为多年来都保持着这一水平，研发费用投入巨大。那么，华为的研发资金从何而来？华为为什么能连续多年投入高昂的研发费用？

有人说，华为成功是因为企业文化，"以客户为中心，以奋斗者为本，长期艰苦奋斗"的文化奠定了华为成功的基础。这种观点完全正确，任正非也如此认为。但华为文化并非在其创立时就有，而是华为在发展的过程中形成的。

正确的战略选择也好，先进的管理制度也好，巨额的研发费用也好，优秀的企业文化也好，造就华为基业的因素有很多，但这些因素都离不开一个核心要点——华为的奋斗者，是华为的奋斗者帮助任正非做出正确的战略选择，使华为走上正确的道路；是华为的奋斗者乐于学习先进的管理方法，且将其与华为相融，互相成就；是华为的奋斗者不断创造价值，才有源源不断的资金用于研发；是华为的奋斗者坚信华为文化，并践行华为文化，让华为走向更大的胜利。

因此，我认为对抗企业发展过程中的不确定性的关键因素就是激发员工和组织的活力。正如任正非提出的企业发展的基本逻辑："方向可以大致正确，组织必须充满活力。"当企业员工拥有共同的奋斗目标，能够力出一孔时，企业就拥有了对抗不确定性的基石。那么，企业经营者拿什么激发员工和组织的活力，让所有人力出一孔呢？

华为早在 1998 年的《华为基本法》中就对如何分配价值做出了明确的规定,华为奉行的价值分配的理念是"利出一孔,力出一孔",希望通过"利出一孔"来保障"力出一孔"。通俗易懂地说,就是要让企业全员力出一孔,前提是利出一孔。那么,如何利出一孔?

华为做到利出一孔的关键武器是全员持股制,全员持股制是华为奋斗者的动力之源。任正非说:"我为什么要把股权分给大家?华为是科技企业,需要更多聪明、有理想的人一起做事,所以就只能抱团,同甘共苦。越是老一代的创业者和高层领导干部,越要自觉奉献。只有主动稀释自己的股权,才能激励更多的人加入华为一起奋斗……"

通过全员持股制,华为激活了员工,让员工成为卓有成效的奋斗者;奋斗者不断艰苦奋斗,为华为创造出更多利润,扩大了华为的注册资本和投资规模;投资扩大,华为研发出更多高价值产品,服务于客户,再次创造利润……这种正向循环的源头,就是华为的全员持股制,这种制度使一代又一代华为人前赴后继,不断拼搏、奋斗,成就了今天的华为。对于想学华为成功秘诀的企业经营者和管理者来说,学习华为,始于股权。

那么问题来了,华为在成长发展的35年里,进行了多次股权激励改革,其他企业要学华为,应该从哪里着手?

在学习华为成功经验的过程中,不能全盘照搬,必须学习华为动态股权的思想、理念、原则、导向。有些企业经营者学标杆只是简单地照搬照抄,自然不会奏效。而正确地学习标杆的方式应该是:取别人的经,走自己的路。我在华为工作多年,从人力资源高级专员到干部部长绩效管理负责人,再到海外、本地员工中长期激励……可以说,我是华为股权激励制度的参与者,对此有着颇深的感触与见解。离开华为后,我一直致力于通过动态股权激励,构建企业活力系统,助力企业战略实现。在借鉴华为经验的基础上,通过服务2000多家企业积累了大量成功的实践案例,在一次次与企业的共创中获得了新的感悟。

在实践中,我既遵循着华为的股权激励思想、理念、原则、导向,又跳出华为,找到适合现今时代的中小企业的动态股权激励方法。我们要明白,学习标杆没有捷径,企业经营者要想走出一条属于自己的先进管理之路,只有在学习标杆企业后,结合自身企业的实际情况,不断打磨、调整、迭代、升级。

在华为的动态股权激励历程中,有一个股权激励方式——TUP（Time-based Unit Plan）动态股权激励制度,特别适合当今的企业。为什么这么说呢？

一是符合时代。时代的不确定性和人口红利的逐渐下降,会不可避免地影响经济。企业让员工出钱购买企业股权的激励方法,已经不再适用。很多中基层员工刚加入企业时,购买能力和购买意愿都不强。员工不买,企业就难以激励员工持续奋斗。而 TUP 不需要员工掏钱购买股权,只要业绩达标就有机会拿到分红,这将大大提高员工的积极性。

二是科学合理。有的企业经营者会说,如果员工不掏钱购买股权,还要给员工分红,在现有的经济情况下,这对于企业无疑是"雪上加霜"。事实上,企业的 TUP 不是无条件发放给员工的,是以员工创造的价值为基础的。因此,做出业绩、做出成果是企业分发 TUP 的重要前提。

了解了 TUP 的优势后,我们再来看看华为是如何使用 TUP 破局的。

华为曾利用 TUP 解决了"坐车人"多于"拉车人"的问题。2012 年,华为老员工经过多年积累,拥有高额虚拟受限股股权收益,然而这并没有让老员工感恩华为,而是减少了他们的工作热情，甚至有部分老员工主动申请降职。因为他们的工资远远低于股权收益，工资只是"零花钱"，他们在工作上不努力、不付出，同样能获得高额回报，这样的员工被华为新员工称为"躺在股权上睡觉的'华为金混混'"。当企业中"坐车人"（历史贡献者）比"拉车人"（当前贡献者）多时，企业负担太重，自然跑不起来。

2013年，华为在《正确的价值观和干部队伍引领华为走向长久成功》一文中明确提出："提高工资、奖金等短期激励手段的市场定位水平，增强对优秀人才获取和保留的竞争力。丰富长期激励手段（逐步在全公司范围内实施TUP），消除'一劳永逸、少劳多获'的弊端，使长期激励覆盖到所有华为员工，将共同奋斗、共同创造、共同分享的文化落到实处。"

实行TUP后，华为老员工"躺在股权上睡觉"的现象日益减少，也在一定程度上稀释了老员工的虚拟受限股收益。因为员工不需要出资购买TUP，就能享受和虚拟受限股一样的收益，因此有资格的老员工更愿意拿TUP，TUP发得越多，虚拟受限股的收益就会被稀释得越多。TUP的出台不仅对抑制老员工惰怠情绪有益，还激起了新员工和基层员工的奋斗热情，让他们在薪酬竞争力不足的情况下，纷纷努力奋斗，以获得 TUP。

在这种情形下，华为的业绩出现了"V"形反转，开始直线上升。做出业绩和利润后，具体要如何分配呢？华为在《华为基本法》中对价值如何分配做出明确规定，在第一章第四节第十九条中明确写道："效率优先，兼顾公平，可持续发展，是我们价值分配的基本原则。"在此原则的指导下，华为员工不必担心付出没有收获，只要肯干、使劲儿干，就会得到相应的收获。

通过实行 TUP，华为在以变革为核心的价值定位、以客户为中心的价值创造中保证"力出一孔"，在以责任结果为导向的价值评价和以奋斗者为本的价值分配中又确保了"利出一孔"，"利出一孔"保障了"力出一孔"，"力出一孔"又促进了"利出一孔"，从而形成了一条活力价值链，如图 0-1 所示。

活力价值链是从价值维度来结构性地看待企业的愿景、使命、价值观与战略的逻辑关系。只有正确地评价价值，才能合理地分配价值；只有合理地分配价值，才能撬动更大的价值创造。

我在本书中对华为 TUP 的内在逻辑和理论基础进行了阐明，并配上具体方法和实践案例，使企业经营者更易

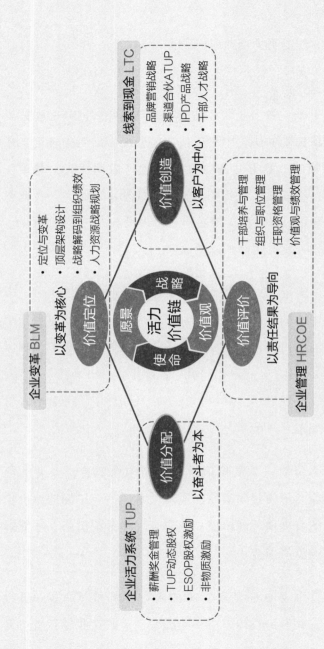

图 0-1 活力价值链管理体系

学以致用。企业经营者通过学习这些知识，能够总结出更深层次的规律，从而更好地结合自身实际情况，制定出一套适合自己企业的 TUP 动态股权激励方案。

本书主要分为以下两篇。

上篇主要解决了四个问题，即"舍不舍得分钱""可不可以分钱""分不分得好钱""怎么分钱最好"，帮助企业经营者建立新的思维模式并提供思考方向。

下篇直接给出了 TUP 动态股权激励的"九定模型"，即"定"目的、"定"周期、"定"对象、"定"考评、"定"来源、"定"份数、"定"年度收益、"定"期末收益、"定"退出机制，帮助企业经营者迅速掌握实施 TUP 的体系和方法，如图 0-2 所示。

本书的受众群体很广，包括但不限于企业经营者、管理者和员工，主要有以下人群：

- 企业经营者。TUP 是"一把手工程"，需要企业经营者来决策做与不做。
- 企业管理者。掌握TUP的方法，落地TUP。
- 员工。了解一种不掏钱、以结果为导向的分钱方式，与企业构建命运共同体。

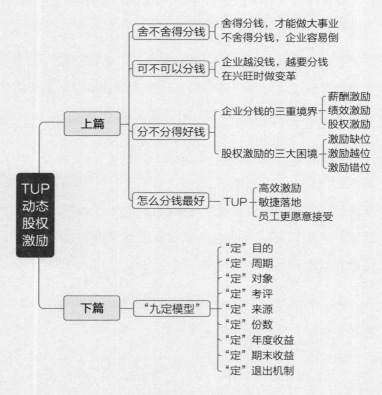

图 0-2　本书结构图

虽然我在人力资源管理和股权激励上深耕多年,但一个人能够掌握的知识有限,而存于世间的知识却是无穷的。即便如此,我亦希望本书能够起到抛砖引玉的作用,让更多人有所体悟,对华为 TUP 激励制度深入了解。

"路漫漫其修远兮,吾将上下而求索。"我希望与更多对动态股权激励制度有深度探索和研究的专业人士一起努力,构建企业活力系统,用动态股权激励方案为企业创造价值,为合作伙伴"穿针引线",为商界贡献智慧。

目 录

序一
序二
前言 利出一孔,力出一孔

上篇 想分,但不舍得分

第1章 给员工画"战略蓝图",而不是画"饼" /002

1.1 舍得分钱,才能做大事业 /003
1.2 不舍得分钱,企业容易倒 /010

第2章 没有"梧桐树",引不来"金凤凰" /016

2.1 企业越没钱,越要分钱 /016
2.2 在兴旺时做变革 /021

第3章 钱分好了,管理的一大半问题就解决了 /026

3.1 企业分钱的三重境界 /027
3.2 股权激励的三大困境 /034

第4章 让"拉车人"比"坐车人"拿得多 /038

4.1 TUP——员工不掏钱的动态股权激励方式 /039
4.2 TUP 的三大价值 /041
4.3 TUP 适用于哪类企业 /049

• 工具 需求诊断:企业需要 TUP 吗 /052

下篇　九定模型

第 5 章　"定"目的：力出一孔　/056

5.1　以终为始　/056
5.2　TUP 四问　/057
5.3　利出一孔，力出一孔　/060
5.4　成就员工　/068

第 6 章　"定"周期：时机不对，努力白费　/072

6.1　有效期：5 年　/074
6.2　授予日：每年授予　/076
6.3　奋斗等待期：1 年　/079
6.4　生效期：分次生效或一次性生效　/080
6.5　时间单位收益期：递延 + 递增　/085
6.6　清算期：5 年期满清零　/087

第 7 章　"定"对象：人选对了，事就成了　/090

7.1　谁创造了价值　/091
7.2　价值分配怎么分　/095
7.3　"三原则法"：价值 + 刚性 + 公平　/104
7.4　"二维法"：目的 + 标准　/108
7.5　"T 型结构法"：不拘一格降人才　/114
7.6　"因地制宜法"：不同发展阶段定对象策略　/120

• 工具 1　岗位排序法　/124
• 工具 2　排序因素定义参考　/128

- 工具 3　海氏评估法　/130

第 8 章　"定"考评：能来、能走、能上、能下　/132

8.1　以结果为导向　/133

8.2　设定业绩考评目标　/138

8.3　设定业绩考评标准　/142

8.4　三个避免　/145

- 工具 1　KPI 考评法　/150
- 工具 2　关键事件考评法　/152

第 9 章　"定"来源：来自所有员工的共同奋斗　/154

9.1　知识资本化　/155

9.2　越易得到越不珍惜　/156

第 10 章　"定"份数：用激励份数来科学、动态调节　/162

10.1　定总量：多分而不乱分　/164

10.2　定个量：既激励又约束　/167

第 11 章　"定"年度收益：分钱要分得有使命感　/176

11.1　科学算法　/177

11.2　考勤系数　/180

11.3　TUP 发放与预留动态管理　/184

第 12 章　"定"期末收益：把赚来的钱分光，
　　　　　再努力去赚钱　/188

12.1　计算公式　/189

12.2　纳税规则　/190

12.3　TUP 转 ESOP 或注册股方案　/193

第 13 章　"定"退出机制：从一个胜利走向另
　　　　　一个胜利　/196

13.1　期满退出　/197

13.2　离职退出　/198

13.3　过错退出　/199

附录　/203

有限公司参加虚拟股权激励计划协议　/204

有限责任公司股权激励计划　/215

虚拟股管理办法　/233

虚拟股权激励办法　/237

```
                    ┌──────────────┐
                    │ 舍不舍得分钱 │
                    └──────────────┘
┌─────────────┐     ┌──────────────┐
│ TUP动态     │     │ 可不可以分钱 │
│ 股权激励    │ )   └──────────────┘
└─────────────┘     ┌──────────────┐
                    │ 分不分得好钱 │
                    └──────────────┘
                    ┌──────────────┐
                    │ 怎么分钱最好 │
                    └──────────────┘
```

上篇

想分,但不舍得分

> 什么是人才，我看最典型的华为人都不是人才。钱给多了，不是人才也变成了人才。
>
> ——华为

第1章

给员工画"战略蓝图"，而不是画"饼"

当诸多企业向我进行股权咨询时，我问企业经营者的第一个问题是："你舍得分钱吗？"

通常，大多数企业经营者的回答是："舍得。"但当我继续与企业经营者深入交流后，发现真正舍得分钱的企业经营者很少。有的企业经营者回答"舍得"，是碍于情面；有的企业经营者回答"舍得"，是为了"小舍大得"。都在说"分钱"，前提是企业经营者要"舍得分"。所以，我们开头要解决的问题是让企业经营者舍得分钱。企业经营者大多是擅于思考的，之所以不舍得分钱，原因之一是认知不到位。企业经营者要看到舍得分钱与不舍得分钱的区别和利害关系，懂得"舍得"的智慧。

企业经营者舍得分钱，结果是什么样。企业经营者不舍得分钱，结果又是什么样。

1.1 舍得分钱，才能做大事业

经常有人问我："华为为什么能凝聚近 20 万名知识型员工，做到'枪声'一响，员工就冲锋陷阵，敢打胜仗，能打胜仗？"

我的回答是五个字："分钱分得好。"

我的回答是根据任正非的发言分析而来的。2016 年，任正非在华为"心声社区"发布的内部演讲稿上说："什么是人才，我看最典型的华为人都不是人才，钱给多了，不是人才也变成了人才。"

任正非在 1987 年创办华为时一无所有，他靠什么吸引一大批知识分子投身于华为的事业？除了任正非身上独有的人格魅力，最大的原因在于华为在创立时就承认和重视知识资本的价值，构建了与知识分子共创共享的价值分配机制，使追求个性化的知识型员工能"抱团打天下"。

"财聚人散，财散人聚"是一个人人都知道的道理，但要做到却很难。特别是对于中小企业经营者来说，要把本就不多的利润分给员工，犹如"割肉"一般。但任正非在华为创立之初就做到了这一点。当华为还是一家小企业，处于"三无"（无钱、无人、无资源）境地时，任正非就舍得分钱。

据华为早期的员工回忆，在华为创立之初，任正非没有多少钱分给员工，但他向员工描绘了自己的分钱蓝图："将来你们都要买房子。三室一厅或四室一厅的房子最重要的是阳台，阳台一定要大一点，因为我们华为将来会分很多钱。钱多了装麻袋里面，塞在床底下容易返潮，要拿出来晒晒太阳，这就需要一个大一点的阳台，要不然没有办法保护好你的钱。"刚开始，很多员工都不相信，认为任正非在"画饼"。

3年后（1990年），任正非做了一个改变华为命运的关键性决定——人人持股，把员工从雇员变成合伙人，共创伟业。当时华为员工仅20人左右，任正非给了所有员工入股的机会，因此，早期的华为确实是全员持股。任正非当时将全部的股权模拟为一定数量的总股本，然后让员工根据入股意向和出资能力，按照每股1元的价格购买一定数量的股份。在员工离职时，华为按照原购买价回购股份。这个入股方案很简单，但是易行有效。华为的股票只能在内部对员工发行，因此也被称为"内部股"。

任正非的这一决定在当年就看到了成效，"人人持股"的方式让所有员工利出一孔、力出一孔，点燃了所有人的斗志，打赢了第一场胜仗——产品BH-01成为当年的热销品，这也让华为迈上了一个新台阶。1991年年初，华为进行股权分红时，员工领到了大笔分红，尝到了甜头，这更加激发了员工的斗志。当1991年再次配股时，大部分员工将分红重新投资入股，而原来不敢买内部股的极少数人，看到入股的员工分了很多钱，也毫不犹豫地入股了。随着业务不断扩大，华为又抓紧时间招兵买马，1991年，华为员工人数达到了50多人。

创业是艰难的。1991—1994年，华为面临着研发转型危机，从一家代理商变成了一家自主研发的科技企业；1992年，用户交换机研发成功后，华为马上转型研发局用交换机。JK1000局用交换机虽然研发成功了，但因为技术落后，无人问津；1993—1994年，华为面临着研发转型和市场冲击的双重挑战，是华为史上异常困难的时期，甚至危及华为的生存；1994年，C&C08的研发成功奠定了华为在局用交换机领域的江湖地位，华为真正转型成功，从代理商转型为自主研发的科技企业，从研发用户交换机转型为研发局用交换机。

这个过程无比艰难，但舍得分钱的"华为内部股制度"把全体骨干人员与企业紧紧地绑定在一起，形成了命运共同体。在全体持股员工的奋力拼搏下，华为研发转型终于成功。对员工来说，1997年之前的华为内部股，购买价格为每股1元，但是年分红却常在1元以上，分红年回报率超过100%。华为员工在为华为创造高效益的同时，也赚了很多钱，在实现梦想的同时也实现了个人财务自由。就这样，华为开启了"分钱"的正向循环。图1-1所示为华为股权激励的发展历程。

通过华为股权激励35年的历程，我们可以看到每到危急关头，华为总是运用股权激励的力量，让更多的员工加入华为的命运共同体中，共渡难关。任正非是一个懂"舍得"大智慧的人，依靠舍得分钱，培养出了一支吃苦耐劳、艰苦奋斗、战无不胜的团队。

事实上，如果我们仔细观察那些成功的企业，其经营者大多都懂舍得的智慧。

在河南许昌，有一家以服务著称的超市企业——胖东来。走进胖东来，我们会看到超市里的每一位员工都以最

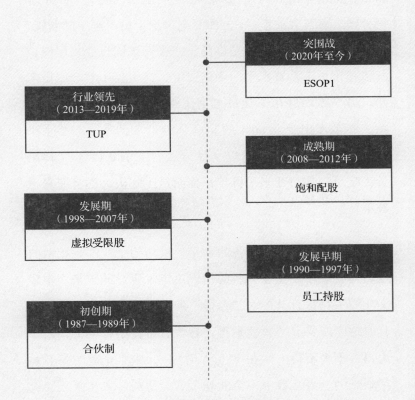

图 1-1 华为股权激励的发展历程

大的热忱服务顾客。2017年，小米创始人雷军专程到许昌胖东来参观学习，他用"朝圣"一词来形容这趟旅程。那么，胖东来是如何成功的？这与胖东来创始人于东来舍得分钱有着莫大关系。一方面胖东来给予员工丰厚的薪资，胖东来员工的薪资水平是许昌、新乡等地同行业、同岗位其他超市员工薪资水平的两倍以上，甚至高于省会城市郑州；另一方面胖东来让员工享受极致分红，从2002年开始，胖东来把企业80%的利润分给员工，凡是在胖东来工作满三年的员工都可以享受分红。于东来坦言："你给员工吃草，你将迎来一群羊；你给员工吃肉，你将迎来一群狼！"

不成功的企业各有各的不幸，成功的企业都有相似的逻辑与智慧。企业经营者的格局决定了企业的未来。中华文化博大精深，其中对"舍得"的解读，对个人和企业都具有现实意义。"舍就是得，有舍有得；小舍小得，大舍大得，不舍不得。"在VUCA时代[注]，中小企业的发展是很艰难的。大多数中小企业处于资金薄弱、人才匮乏、资

[注] VUCA时代："V"是volatile，多变性；"U"是uncertain，不确定性；"C"是complex，复杂性；"A"是ambiguous，模糊性。VUCA时代是指具有多变性、不确定性、复杂性、模糊性特征的时代。

源不足的境地，这也使中小企业经营者被"不舍"所缚，拘泥于企业现在的规模和资源。企业经营者要站在未来看现在，修炼"舍得"的格局与智慧。

那么，为什么成功的企业经营者都舍得分钱呢？

一个很简单的道理：舍得分钱，才能做大事业。对企业而言，人是最重要的资产，员工是企业的第一生产力。如果企业中的所有员工能以企业经营者的心态工作，向着共同的目标奋斗，那么企业将会战无不胜、攻无不克。但现实的情况是员工往往只会以"打工人"的心态工作。

美国石油大王洛克菲勒曾经到自己的一块油田视察，一到现场，他便发现了许多显而易见的问题，这令他非常愤怒，他大声地质问油田负责人："为什么我一来就能发现问题，你天天待在这里却没有发现问题？"与洛克菲勒同行的一位顾问回答道："先生，这是您自己的油田，不是他的油田。"洛克菲勒忽略了一个事实，油田属于他自己，他自然事事用心；而油田不属于那位负责人，管理油田只是他谋生的手段，他当然不会像洛克菲勒那样用心。

没有员工愿意拿着"打工人"的钱，操着"老板"的心。

企业经营者想让员工形成"主人翁"意识，就要舍得给员工分钱，让员工明白自己和老板、企业是命运共同体，是在一起做事业，而不是在为老板赚钱。任正非说："要给员工分足够多的钱，他一个人工作就能让全家过上优越的生活。只有这样，全家人才会叮嘱他好好工作，员工带着全家人的期望和重托工作，自然就有干劲了。"

做企业和打仗是一个道理，打下的地盘越多、缴获的战利品（利润）越多，大家能分到的战利品就越多，队伍就越有战斗力。

1.2 不舍得分钱，企业容易倒

我们来看看那些不舍得给员工分钱的企业，后来怎么样了。

有一家科技型企业，因为研发了享誉全球的科技产品，吸引了大批精英人才。按照正常的逻辑，这家企业很有可能成为"独角兽"企业。然而，仅仅三年的时间，这家企业就倒闭了。原因是这家企业的经营者不懂管理的智慧，不舍得分钱，自己独享利益，迫使那些精英人才离开了企业。最终，那些出走的精英人才创办了另一家企业，在行业内风生水起，而这家不舍得分钱的企业，最终因为无人可用，湮没在历史长河中。

不知道不舍得给员工分钱的企业经营者，看到这个案例有何感想？一流的企业经营者让所有人富起来；二流的企业经营者让高管跟着他富起来；三流的企业经营者只让自己富起来。当企业经营者不舍得分钱时，企业倾覆的第一块"多米诺骨牌"便被他自己亲手推倒了。紧接着，有能力的员工会离开企业，剩下一些没有能力、干活不卖力的员工；企业经营者每天疲于奔命，没有时间和精力思考企业未来的发展战略，企业无法发展壮大；企业的盈利能力下降，直至企业因亏损严重而倒闭，全盘倾覆。

俗话说"水涨船高"，员工就像推动企业这艘船前行的水，企业经营者越舍得分钱，水涨得越高、越快，船就开得越快；企业经营者不舍得分钱，水就会四处流散，船只能停在原地。总结成一句话，即企业经营者越不舍得分钱，企业越"差钱"。

企业经营者将赚到手的钱分出去，需要很大的魄力。网络上流传着一个经典笑话，小明对小红承诺："如果我有1亿元，我愿意给你9999万元。"小红问："这么说如果你有100元，愿意给我99元？"小明回答："不愿意，因为我真的有100元。"企业中有太多同样的情况，在企业还未赚到钱时，企业经营者会给员工"画饼"，许诺将来给予员工丰厚的报酬；当企业真正赚到钱时，企业经营者就将这些钱放进自己的"腰包"，不舍得拿出来。分钱是一个门槛，能跨过去的人只是少数。

为什么只有少数企业经营者能够成功？因为只有他们克服了人性中的自私与贪婪。很多企业经营者嘴上说要学习华为，却只要求员工像华为的员工一样敢于冲锋、敢于奋斗，分钱时锱铢必较，想尽办法"降低成本"。给员工"吃草"，却希望员工成为"狼"，这样的逻辑显然是行不通的。给员工"吃草"，只能养出一群"羊"。

任正非把接近99%的股权分给员工后，有华为高管曾建议他提升自己的股权比重，任正非却说："假设我要替自己着想，我当然应该支持股东多拿一点，因为我是最大股东，但是你们也不傻，你们还会去拉车吗？"这也正是任正非的智慧，当华为股权归全体员工所有时，股权会倒逼员工长期奋斗，所有人都在同一条船上，一荣俱荣，一损俱损。

那么，企业经营者要如何克服人性中的自私与贪婪，才能舍得分钱呢？

我们要思考一个问题：是要头顶的星空还是脚下的黄金？如果想要星空，要追寻理想，就要先放弃黄金，将黄金分给一起追寻理想的人，让他们将企业高高托起，一起奋斗。唯有如此，员工才会将企业经营者的理想当成自己的理想，把自己当成企业的主人，为实现理想而努力奋斗。

员工需要一个能带他"吃肉"的老板，而不是一个只会"画饼"的老板。员工跟着老板"吃肉"，就愿意为企业"打猎"，老板将打到的猎物大方分给员工，员工下次会打到更大的猎物。有舍才有得，这是一个正向循环。

我们再来看看一家企业经营者从不舍得分钱到舍得分钱的转变。

我曾辅导过一家服装零售企业，这家企业的经营者起初并不愿意分钱，但无奈服装零售行业市场竞争激烈，企业经营者不舍得分钱，员工没有积极性，都在"混日子"，企业无法充分参与市场竞争，处于亏损边缘。这家企业的经营者因此找到我，我为该企业设计了一个动态股权激励方案，也让企业经营者明白，我们分的是未来的钱。企业经营者持怀疑态度试行了我的方案，很快他就发现员工的积极性提升了许多，有一个细节是"混日子"的员工，开始发朋友圈销售企业的服装了。该制度试行一个月后，企业经营者按照约定给员工发放了薪资，员工很高兴，工作更加卖力。在股权激励制度的影响下，这家企业一年后业绩同比上涨30%。

在后续的复盘会上，这家企业经营者向我坦言，一开始分钱时，他是不舍得的，原因有二：一是在如今的市场经济下，企业本就没有利润，还要把钱分出去，这是"雪上加霜"；二是不知道自己分出去的钱是否有激励作用，担心员工只拿钱、不做事，分出去的钱"打了水漂"。当我向他讲述了任正非创业时舍得分钱的智慧以及他这么做给华为带来的积极作用后，这位企业经营者抱着"不成功便成仁"的态度决心一试。为了克服人性的弱点，让自己舍得分钱，这位企业经营者特地在办公室内挂上了写有"舍得"两个大字的牌匾，车内饰品也换成写有"舍得"的挂饰，甚至将手机屏保也设置为写满"舍得"的图片，时刻提醒自己，舍得更多，才能收获更多。

先舍而后得，有度方有量。这是人生真谛，值得每一位企业经营者深思。真正一流的企业家是愿意带领一群人富裕，滋润一方土地，造福整个社会的。

最后,我们总结一下:

- 企业经营者舍得分钱,将养出一群能打胜仗、敢于奋斗的"狼",做大事业。

- 企业经营者不舍得分钱,将养出一群不愿努力、只会逃避的"羊",企业容易倒。

> 人才是企业发展之源。
>
> ——华为

第 2 章

没有"梧桐树",引不来"金凤凰"

解决了"舍得分钱"的问题,接下来,我们要解决的是"可不可以分钱"的问题。为什么要解决这个问题呢?因为我发现,随着企业经营者认知的提升,大多数企业经营者在经营企业时是想做成大事业,是舍得分钱的。但对于有些企业,特别是中小微企业,在充满不确定性的时代,会面临以下两个问题:

- 我愿意分钱,但企业没钱可分。
- 我愿意分钱,能不能把企业做大了再分?

2.1 企业越没钱,越要分钱

"经营压力大""不赚钱,拿什么分钱"这是很多企业经营者，尤其是中小微企业经营者经常挂在嘴边的话。成功的企业不是一蹴而就的，大多数企业最初都是不赚钱的。那么，在企业不赚钱时，应该拿什么分钱呢？企业经营者可以看看华为是怎么做的。

华为也是从一家名不见经传的小微企业一步步成长起来的。华为创办之初和大多数中小微企业一样，属于"三无"企业——无钱、无人、无资源。1987年华为创立时，任正非只筹集到21000元，员工不足20人。任正非意识到，企业要想发展，首先要有人才。人才是企业发展之源。

为了引进人才，任正非费尽苦心，先是广泛邀请高校老师和学生到华为参观，又到各大高校一遍一遍地宣讲华为的美好愿景和远大抱负，希望能够招到优秀的技术人才。仅仅是口头宣讲还不够，要想广纳贤才，还要给员工提供优厚的薪资报酬。但当时华为员工的每月工资只有300多元，与外资企业、大型国企相比，没有任何竞争力。任正非冥思苦想，华为要用什么吸引人才，引来"金凤凰"呢？

任正非在2011年平安夜发表于华为内部论坛的文章《一江春水向东流》中讲述了在华为创立初期，自己仅凭过去的人生挫折，感悟到要与员工分担责任，分享利益。那时他还不懂期权制度，更不知道西方先进的管理思想，有多种形式的激励制度。他与父亲相商，没想到得到了学过经济学的父亲的大力支持。1991年，任正非做了一个影响华为命运的关键性决定：人人持股，把员工变成华为的股东，与员工共创伟业。后来他回想起这件事，这样评价道："这种无意中插的花，竟然开放得如此鲜艳，成就华为的大事业。"

这一方法在当时是如何实施的呢？任正非将华为的股权模拟成一定数量的总股本，华为所有员工都可以根据自己的意愿和财力购买一定数量的股份，每股价格为1元。每年华为会根据经营状况和员工所持股份数额给员工分红。当时华为并没有如此大的财力给每位员工发放现金，甚至有时连基础工资都发不出来，任正非是如何解决这一问题的呢？任正非许诺员工，如果员工愿意每个月只领一半工资，另一半放在企业，企业会给他们额外支付一定的利息。股权分红也是如此，员工可以选择不领取或领取部分，剩下的放在企业计算利息。由于当时华为的员工大多是年轻人，没有家庭负担，很多员工选择了这一方式。任正非通过这一方式，既解决了企业现金流的问题，又解决了人才问题。

为了增强员工对华为的认同感，即使华为再困难，到了每年要兑现股权分红时，任正非都会将员工的分红全部兑现。当华为大部分员工都持有华为内部股份后,华为与员工逐渐形成了利益共同体和命运共同体。华为依靠科学分钱,打赢了一场场胜仗,渡过了一场场危机。

1991年,香港鸿年公司停止给华为供货,华为因为缺乏必要的产品零件,陷入停产的危机。面对危机,华为只有两条路可走:要么全面转型升级,成为自主研发企业;要么转行,换其他赛道。此时的华为选择了最难走的一条路——转型升级。转型后华为要与国际巨头正面交锋,犹如"蚍蜉撼大树"。为了渡过这一场生死危机,华为将所有的资金全部投入新产品的研发中,一旦新产品研发失败,那么华为将面临破产。当时所有的华为员工都承受着巨大的压力,华为研发项目组的成员没日没夜地编写软件,不断调试、修改、再调试。有一位员工累了就闭着眼睛休息一会儿,然后再接着干,累到眼角膜脱落,及时送到医院做手术才保住了视力。在全体员工的奋力拼搏下,华为终于研发出新产品。凭借这款新产品,华为在1992年销售收入突破1亿元,也吸引了更多优秀人才的加入,员工人数增加至近300人。在年终总结大会上,任正非饱含热泪地说:"我们活下来了。"

这样的故事在华为的发展史上不胜枚举。每一次遇到危机,华为全体员工都会拧成一股绳,为了共同的目标努力,这使华为一次次化险为夷。为什么华为员工如此拼命？人是自私的,股权激励把所有员工和企业绑定在一起,为企业拼命就是为自己拼命,所有人朝着一个"城墙口"冲锋,最终成就华为的大事业。

通过华为的故事,大家看懂企业发展与分钱之间的逻辑了吗？为了方便大家看出其中的逻辑,我用一张图来诠释,如图2-1所示。

图 2-1 企业发展与分钱之间的逻辑示意

身处不确定性时代,每家企业都会面对或多或少的经营之殇。吐故纳新,不断熵减,是进化之道。正如任正非2017年在华为市场大会上的演讲中所说："我们在这大河奔腾中,努力划桨,不要落后于时代的要求。历史总是会优胜劣汰的,我们力争晚一些被淘汰。但我们永远左右不了历史,我们只有努力在顺应历史时,顽强地表现自己。"

越是在充满不确定性的时代,企业越要通过人才来解决发展中的根本问题。商人与企业家的差别在于，企业家明白"财聚人散，财散人聚"的人性与商业法则，越没有钱，越要分钱。只有分好钱，企业才能赚到钱。原因很简单，企业没有"梧桐树"，怎么能引来"金凤凰"？

美国心理学家道格拉斯·麦格雷戈说："每一个管理决策或每一项管理措施的背后，都必定有某些关于人性本质及人性行为的假设。"管理的本质就是管人，管人就要了解人性，我们不能对抗人性。华为承认人的自然属性——利己，承认人有正当的利益诉求。在华为看来，人的渴望越大，员工与企业的价值交换就越多，所以放大员工的欲望其实就是放大企业的成长空间。

企业通过分钱，种好"梧桐树"，引来"金凤凰"。

2.2　在兴旺时做变革

在实践中，我发现不少企业经营者不知道什么时候给员工分钱。有的企业经营者会说"分钱是大企业的事""等有钱了再分"……正是这些想法，使企业经营者把分钱的事一拖再拖。

那么，企业到底什么时候分钱最好？

我的答案是：越早越好。种一棵树最好的时间是十年前，其次是现在。分钱也是同样的道理，我们要在兴旺时做变革，未雨绸缪。

股权激励不是大企业的专利，所有的企业都要做股权激励，大到一家连锁的大型企业，小到一家门店。股权激励做得越早对企业的发展就越有利。并且，企业越小，越要做股权激励，原因很简单：没有"梧桐树"，就引不来"金凤凰"。

下面我们来探讨一下股权激励对处于不同发展阶段的企业的适用性问题。

初创期分钱：引进具有创业精神的核心人才

企业处于初创期时，核心目标是活下来。在这个时期，企业的未来存在很大的不确定性，生存压力一般都很大，资金、人才匮乏。此时企业可以用股权激励为企业引进具有创业精神的核心人才，比如联合创始人。

我曾辅导过一家科技型创业企业，这家企业想引进一位技术负责人，但对方对薪酬的要求很高，这家企业暂时还无法承担。于是我建议这家企业经营者做两件事：一是做好企业发展计划书，在计划书中写明企业未来发展方向、发展前景，以此打动对方，让其相信企业未来能够成功；二是在对方认可企业后，授予对方部分企业股份，以弥补现下薪酬的不足。该企业经营者采纳了我的建议，并如愿吸引了该技术人才加入。

由此可见，企业在初创期使用股权激励，能够帮助企业在资金有限的情况下引进具有核心技术的人才。虽然初创期企业的股份还不值钱，但企业可以通过注册股来吸引联合创始人，一起为企业发展奋斗，力出一孔。

发展期分钱：树立"共创、共担、共享"的企业文化

当企业进入发展期时，经营状况好转，员工对企业发展前景产生了认可和信任，企业实施股权激励的效果更加明显。在此阶段实施股权激励，有利于企业形成"共创、共担、共享"的企业文化，进一步增强员工凝聚力，既能稳定和激励现有员工，也能吸引更多外部人才加入。

成熟期分钱：再次激活组织，实现"二次增长"

当企业进入成熟期，业务增长往往趋于平缓，企业员工对工作产生疲劳，企业发展速度减缓。此时，企业实施股权激励，能够激励员工，让企业内部焕发新的活力，并重新推动企业业绩增长。白象食品集团是一家进入了

成熟期的老牌食品企业，2022 年，我帮助白象集团落地 TUP，使其实现了"二次增长"。

衰退转型期：寻找新方向，焕发新的活力

企业发展有其特定的周期和规律，任何企业都会不可避免地进入衰退期。处于衰退期的企业发展前景一片黯淡。在这种情况下，员工很难认可企业授予的股权，实施股权激励，很难真正激励到员工。因此，处于衰退期的企业，要积极思考转型升级的新机会，在重新找到企业未来发展方向后，再对员工实施股权激励。此阶段的企业可以运用"虚拟股权"等只享受分红、不承担经营风险的股权激励工具来激励员工。

为了让"分钱越早越好"的逻辑更加通俗易懂，表 2-1 所示为我整理的企业处于不同发展阶段进行股权激励的价值。

表 2-1 企业处于不同发展阶段进行股权激励的价值

不同阶段	激励价值
初创期	引进具有创业精神的核心人才
发展期	树立"共创、共担、共享"的企业文化
成熟期	再次激活组织，实现"二次增长"
衰退转型期	寻找新方向，焕发新的活力

最后，我们总结一下：

- 我愿意分钱，但企业没钱可分——越没有钱，越要分钱。只有分好钱，企业才能赚到钱，原因是没有"梧桐树"，引不来"金凤凰"。

- 我愿意分钱，等把企业做大了再分——种一棵树最好的时间是十年前，其次是现在。分钱一定是越早越好，企业经营者要在兴旺时做变革，未雨绸缪。

> 企业管理最难做的工作是分钱,钱分好了,管理的一大半问题就解决了。
>
> ——华为

第3章

钱分好了,管理的一大半问题就解决了

解决了"舍不舍得分钱""可不可以分钱"的问题,我们再来解决第三个问题:分不分得好钱?

很多企业经营者都在学华为,研究华为成功的真正原因。有的企业经营者认为华为成功是因为研发,有的企业经营者认为华为成功是因为营销,有的企业经营者认为华为成功是因为产品……这些都对,但不全面。曾经有记者问任正非:"为什么华为可以成功?"任正非的回答是:"华为的成功主要靠集体奋斗。"而要实现集体奋斗,首先必须解决一个管理难题:分好钱。企业管理最难做的工作是分钱,钱分好了,管理的一大半问题就解决了。只有让企业所有人利出一孔,才能力出一孔,实现集体奋斗。

那么，什么才是企业经营者心目中的"集体奋斗"呢？

一句话总结：一起干和争着干。

什么是"一起干"？
- 企业和员工"一起干"；
- 组织和组织"一起干"；
- 员工和员工"一起干"。

什么是"争着干"？
- 主动挑战高目标，能打胜仗；
- 你追我赶，士气高涨。

很多企业经营者因为分不好钱而无法实现集体奋斗，他们常常会产生以下困惑：

- 明明钱都分了，为什么大家的积极性还是不高？
- 明明钱分了不少，为什么还是实现不了集体奋斗？

3.1 企业分钱的三重境界

为什么大部分企业经营者分了钱，却不能让全体员工"一起干"和"争着干"呢？回答这个问题前，我们先来了解如今企业经营者常用的三种"分钱"机制（利益分配机制），如图3-1所示。

图3-1 三种常用的企业利益分配机制

图3-1列出的三种利益分配机制也代表着企业经营者分钱的三重境界。

第一重境界：薪酬激励，员工给老板干

企业分钱的第一重境界是薪酬激励，这是最低层次的利益分配机制。

有些企业的利益分配机制是固定工资加定额奖金，即分月按时发放固定工资，在年底发放定额奖金，定额奖金通常为1~2个月的月薪，员工收入基本固定。在这种情况下，员工不会"一起干"和"争着干"，主要有两个原因：一是员工做得多不能拿到更高的工资，员工在工作时，不会产生为自己干的想法，只会认为自己是在给老板干；二

是员工做得少也不会少拿工资，只要基本达标即可，员工想争取自身收益最大化，最佳方式就是尽可能减少付出。

在这种利益分配机制下，最终员工会变成"敷衍干"或"投机取巧干"，而企业经营者则要承担更多工作，形成"老板累成狗，员工到点走"的局面。

第二重境界：绩效激励，员工给自己干

企业分钱的第二重境界是绩效激励，这是比薪酬激励稍好一点的利益分配机制。

绩效激励是目前大多数企业采用的利益分配机制，是指企业通过业绩提成、目标奖金等方式来激励员工，员工多劳多得，让员工给自己干。在人口红利期，大多数创业企业和中小微企业的业绩处于上行通道，绩效激励的确能够起到比较好的激励效果。但如今，市场竞争大、变化快，一味使用绩效激励机制，很可能产生负面效果，主要表现在以下三个方面。

（一）员工将客户资源私有化

当员工薪资完全受绩效水平支配时，员工为了获取更高绩效，很容易将客户资源私有化，让客户变成自己的"个人财产"。比如，有些销售人员会将客户"捂"在自己手

中，不给企业，也不交给其他销售人员。这样做会产生三种后果：一是销售人员无法有效管理越来越多的客户资源，使大量的客户资源被浪费；二是销售人员以客户资源要挟企业；三是销售人员离开企业，将客户资源带到竞争对手那里，或者依赖企业的客户资源"另立门户"。

长此以往，企业的客户结构僵化，企业管理者与员工之间矛盾激化，企业难以开拓新市场，对企业未来发展十分不利。

（二）员工过度追求低目标

在绩效激励机制下，企业会设置绩效目标，员工达成绩效目标，便会获得绩效激励。在这种情况下，员工会过度追求低目标。当企业经营者希望员工定更高目标时，员工会想尽办法来压低目标。在每月的目标制定会上，员工会不断和企业经营者讨价还价，定目标变成"心理战""消耗战""拉锯战"。有时，为了长久利益，员工甚至会故意做低业绩，以便在后期制定目标时将目标定低。

（三）员工之间利益竞争大，团队协作差

绩效激励机制会使员工之间利益竞争加大，导致企业内部、团队内部不和谐、协作差，主要分为两种情况：一

是企业各部门之间绩效激励不均等，很多企业的绩效激励只针对销售部门，销售部门为了拿到更多薪资，做出更多业绩，然而其他协同部门比如财务部门的工作量也因此增大，薪资却没有得到相应提升，这些部门员工自然怨声载道，企业内部各部门之间就会产生分化，企业内部协作变差；二是团队之间利益分配全看绩效情况，导致团队成员之间存在竞争关系，于是团队的每个成员都不愿意分享经验，也不愿意帮助他人，只考虑自身利益，团队内部协作差。

从激励学说的角度出发，延迟激励拖得越久，激励效果越呈现出几何级的衰减效应，再加上绩效激励不能做到相对公平，所带来的后果是：一些企业每到年底发奖金时，人心就会涣散。

以上两重境界容易在企业中产生负面效果，根源是没有解决好以下三个层面利益分配的问题：

- 劳方和资方利益分配问题。资方做得少，拿得多；劳方做得多，拿得少。劳方因此不再创造价值。
- 部门之间利益分配问题。企业中各个部门利益不一致，没有共同利益基础，难以协同作战。
- 个人与团队利益分配问题。个人重视自身利益，忽视团队利益，人人都在单打独斗，团队如同一盘散沙。

如果这三个问题没有解决好，各方都只会为自己争取利益，企业内部没有形成共同利益，企业员工便不会"一起干"和"争着干"。

第三重境界：股权激励，员工和企业形成利益共同体和命运共同体

企业分钱的第三重境界是股权激励，这是最高层次的利益分配机制。华为就是采用股权激励制度，做到让员工"一起干"和"争着干"的。

华为是世界500强企业中少数没有上市的企业之一，它实行员工持股制度，在《华为基本法》第十七条和第十八条中明确写道："我们实行员工持股制度。一方面，普惠认同华为的模范员工，结成公司与员工的利益与命运共同体。另一方面，将不断地使最有责任心与才能的人进入公司的中坚层。""华为可分配的价值，主要为组织权力和经济利益；其分配形式是机会、职权、工资、奖金、安全退休金、医疗保障、股权、红利，以及其他人事待遇。"

在华为，曾经流传着一种"1+1+1"的说法，是指华

为员工的工资、奖金和股票分红收入比例相当，只要员工愿意付出，就会有回报。2022年4月2日，上海清算所发布公告称，华为投资控股有限公司拟向股东派发股息614亿元。截至2021年年末，华为员工持股计划参与人数为13.15万人，这意味着平均每人能拿到46.7万元的股票分红。

通过实行员工持股制度，员工与企业之间的关系从传统的雇佣关系转变为合作关系，员工成为华为的主人，所有员工为了共同利益奋斗，"胜则举杯相庆，败则拼死相救"，真正实现了"利出一孔，力出一孔"。华为由此构建了企业和员工的利益共同体和命运共同体，引领企业和员工共同成长，为华为的稳定、高速发展注入了源源不断的动力源泉。正如任正非所说："我不懂财务，不懂技术，不懂管理，我只有靠利益分享机制把19万人粘在一起。"

由此可见，股权激励是最高境界的分钱方式。

事实上，企业分钱的三种方式本身没有好坏之分，只是有些企业的使用方法和使用场景出了问题，使得企业把钱分完了，员工却没有得到激励。企业经营者可以参考利益分配机制比较表，如表3-1所示，更好地选择企业利益分配机制。

表 3-1 利益分配机制比较表

激励方式	薪酬激励	绩效激励	股权激励
激励层次	最低层次	中间层次	最高层次
弹性程度	低弹性	中弹性	高弹性
激励人群	部分	部分	接近全部
激励结果	员工为老板干	员工为自己干	员工和企业形成利益共同体和命运共同体
选择权	企业	员工	企业和员工

当然,我们在进行利益分配时,还必须用好文化牵引,用好"非物质激励"这个重要工具。

3.2 股权激励的三大困境

敢分钱是企业经营者的格局,但会分钱一定是一门学问。值得庆幸的是,在越来越推崇现代化企业管理的今天,已经有相当一部分企业经营者意识到了"科学分钱"的重要性。为了吸引和激活人才持续奋斗,为企业、客户创造更大价值,越来越多的企业走上了股权激励的道路,试图通过股权激励,将"员工"变成"老板",让员工和企业形成利益共同体和命运共同体。

任正非为什么会说"钱分好了,管理的一大半问题就解决了"?这说明把钱分好并不是一件简单的事。很多企业在股权激励上面临一个困境：不分钱，员工会离开；分不好钱，员工离开得更快。

我在为企业辅导股权激励的数年里，总结出企业（特别是中小微企业）在股权激励上面临的三大困境，如图 3-2 所示。

图 3-2　股权激励的三大困境

激励缺位

企业股权激励的第一大困境是激励缺位。"激励缺位"是指企业股权激励缺失情况。

造成激励缺位的重要原因并不是企业经营者不愿意制定股权激励制度，大多数企业经营者意识到了股权激励的重要性，但其无法在企业中制定股权激励制度和有效的落地方案。因为大多数未上市的中小微企业股权估值困难，企业与员工难以就股权价值达成共识。简言之，员工并不认可企业授予的股份的真实货币价值，比如有的企业告诉员工企业内部股权每股价值1元，然而员工却认为企业内部股权无法兑现，只是企业将员工"拴住"，不让员工轻易离职的"大饼"和"手铐"。这样一来，企业不知道该如何给股权定价，员工不知道该如何保证自身利益不受损，股权激励无法展开。

激励越位

企业股权激励的第二大困境是激励越位。"激励越位"是指企业实行股权激励后，企业控制权分散、管理混乱的情况。

有些企业实行了股权激励，在给员工分配股份的同时，赋予了员工一定的管理权限，甚至对企业工商信息进行了变更。此时，员工与企业的"雇佣关系"变成"合伙经营关系"，员工可能会飘飘然，将企业授予他的股权和管理权限视为"免死金牌"，从而行使职权范围之外的权力，比如开始干涉企业经营者的决策，"分割"企业经营者的权力，在企业中"拉帮结派"，忽略自己的本职工作等。企业经营者要想辞退该员工，辞退成本和辞退风险都非常高。

激励错位

企业股权激励的第三大困境是激励错位。"激励错位"是指企业实施股权激励后,非但没有达到应有的激励效果,反而助长了员工的偷懒行为。有些员工在获得企业股权激励后,便不再努力工作,期望共享劳动成果,在企业"搭便车"。他们常说的话就是:"我都是股东了,等着分红就可以了。"这样的股权激励制度与企业实施股权激励的初衷完全相悖。

股权激励虽然是如今企业最好的利益分配机制,但它犹如一把双刃剑,用得好,企业可能通过股权激励激活人才、激活组织,实现集体奋斗;用不好,不但不能激活人才,反而让企业陷入"赔了夫人又折兵"的尴尬境地。

最后,我解答一下企业经营者的两个困惑:

- 钱分了,大家的积极性还是不高,说明企业的分钱机制用错了。
- 钱分了,还是实现不了集体奋斗,做不到力出一孔,说明企业陷入了股权激励的困境之中。

> 丰富长期激励手段（逐步在全公司范围内实施 TUP），消除"一劳永逸、少劳多获"的弊端，使长期激励覆盖所有华为员工，将共同奋斗、共同创造、共同分享的文化落到实处。
>
> ——华为

第4章

让"拉车人"比"坐车人"拿得多

当企业经营者舍得分钱，知道企业什么时候可以分钱，并且知道了股权激励是最好的分钱方式后，我们还面临一个问题：股权激励的方式有很多，企业应该选择什么样的股权激励方式？也就是企业经营者用什么工具分最好？

通过前文提到的"华为股权激励的发展历程"，我们可以看到，华为在其发展历程中，根据企业遇到的情况及想要解决的问题，采用了多种股权激励的方式，这说明股权激励不是一成不变的，而是动态的。

那么，在不确定性时代，企业经营者应该选择什么样的股权激励方式才能更好地激活"90后""00后"人才？

根据华为的股权激励发展历程，及对企业股权激励的实践，我给出的答案是：TUP。

对于 TUP，企业经营者可能存在以下困惑：

- TUP 是什么？
- TUP 对企业有什么价值？
- TUP 适合哪些企业？

4.1 TUP——员工不掏钱的动态股权激励方式

什么是 TUP

TUP 即 Time-based Unit Plan，直译为"基于时间单位的计划"。2014 年，华为称 TUP 为"时间单位计划"。其计量单位是"份"，而不是"股"。

由于华为对 TUP 定义的表述专业性太强，为了方便企业经营者理解，我用通俗易懂的话来解释。TUP 是一个以 5 年为周期的利润分享计划。员工无须出资购买股权，在 5 年内可获得与虚拟受限股⊖同等的分红值和增值权。5 年到期结算后，员工的 TUP 权益归零。

⊖ 虚拟受限股是指企业授予激励对象的一种虚拟股票。该股票的最大特点是将股权所赋予的 5 种权利，即分红权、增值权、表决权、所有权、转让出售权分开。这也意味着若企业达到既定目标，激励对象则可以享受一定数量的分红和股票增值权益，但不享有股票的所有权、表决权和转让出售权。当其离开企业时，所享受的虚拟受限股便自动失效。

TUP 是不是股权激励

通过 TUP 的定义，我们可以看出 TUP 与其他的股权激励方式的不同。从法律上来说，TUP 不属于股权，而是一种奖金机制。员工获得 TUP 的方式不是付出资金，而是付出劳动，TUP 不涉及剩余财产分配权。在纳税时，TUP 也按照工资薪金所得纳税。

对于 TUP 到底是否为股权激励方式，业界意见不一。华为一直将 TUP 视为员工持股的一种方式，任正非认为 TUP 是分红股，是同等股权。所谓"同等股权"并不是真正的股权，只是具有股权的属性。按照华为官方说法，TUP 是基于员工绩效的利润分享和激励计划。因为持有 TUP 的员工能够获得年度收益，这个年度收益等同于股东的利润分配。同时 TUP 的收益还包括股权增值收益，所以 TUP 具有股权的核心经济权利，即具有利润分配权和增值收益权。

总结而言，TUP 是一种创新型动态股权激励，是一种以股份为锚点的经济受益权。

TUP 与其他股权激励方式有什么不同

TUP 与期权、注册股的特点、覆盖范围和权利对比如表 4-1 所示。

表 4-1　TUP 与期权、注册股的对比

分钱方式	TUP	期权	注册股
特点	一种分红凭证；分红方式是长期奖金递延；属于中长期激励	激励对象当期没有获得企业股权，须在期权约定周期内以约定价格购买企业股权；是一份对赌协议	激励对象当期已取得企业股权；以工商登记变更为标志
覆盖范围	可以覆盖全员；通常比例为 40%~60%	面向高管和核心技术人才	面向极少部分合适的股东
权利	享有分红权、增值权、部分知情权	享有认购权、知情权等	享有企业股东的全部权利

4.2　TUP 的三大价值

2013 年，华为在《正确的价值观和干部队伍引领华为走向长久成功》一文中明确提出："提高工资、奖金等短期激励手段的市场定位水平，增强对优秀人才获取和保留的竞争力。丰富长期激励手段（逐步在全公司范围内实施 TUP），消除'一劳永逸、少劳多获'的弊端，使长期激励覆盖所有华为员工，将共同奋斗、共同创造、共同分享的文化落到实处。"紧接着，华为逐步扩大 TUP 适用范围，并在 2014 年宣布在全球范围内对全体员工实行 TUP，截至 2014 年年底，华为发行超过 10 亿份 TUP。

华为为什么要在艰难时期全面实施 TUP 呢？

华为实施 TUP，主要是因为 TUP 对企业具有以下三大价值。

高效激励

2010 年，华为经过 23 年的发展，首次进入世界 500 强。但从外部环境来看，这一年市场动荡不安，全球经济低迷，国内外电信运营商普遍收入锐减、利润下滑，电信设备商的业绩也随之下滑。接下来的两年，华为的发展速度逐渐减缓，压力倍增。任正非认为，外部环境并不是造成华为发展缓慢的根本原因，根本原因是华为员工过惯了好日子，开始怠惰，企业活力下降。

2012 年，华为内部《管理优化报》上刊登了一篇题为《我们眼中的管理问题》的文章，这篇文章是华为员工对企业提出的管理意见，其中反映了华为股权激励模式存在的三大问题：一是老员工持股太多，不想奋斗；二是年轻骨干持股太少，不想奋斗；三是基层员工薪酬偏低，不想奋斗。

华为老员工经过多年积累，不用太努力工作也拥有高额股权收益，于是工作热情开始减少，甚至有部分老员工主动申请降职。这样的老员工被华为新员工称为"躺在股权上睡觉"的"华为金混混"。

当企业中"坐车人"（历史贡献者）比"拉车人"（当前贡献者）多时，企业承重太重，自然跑不起来。为此，华为开始进行股权制度改革。比如，2012年和2013年，华为将虚拟股票大量配给了原来未持股的员工，扩大了员工持股比例，持股员工比例从2011年的47%上升至2013年的56%。许多新员工享受了股权激励。

进行了一系列股权改革后，华为取得了一定成果，但没有从根本上解决员工"躺在股权上睡觉"的问题。于是，华为迎来了员工持股制度的第四次重大变革，推出了TUP。由此，TUP以主角的形式登上了华为股权激励的舞台。

华为将TUP的有效期设置为5年，到期后自动失效。目的就是避免出现"一劳永逸"的情况。实行TUP后，华为老员工"躺在股权上睡觉"的现象日益减少，也在一定程度上稀释了老员工的虚拟受限股收益。因为员工不需要出资购买TUP，却能享受和虚拟受限股一样的收益，因此有资格的老员工都更愿意拿TUP，TUP发得越多，虚拟受限股的收益就被稀释得越多。TUP的出台不仅对抑制老员工怠惰情绪有益，还激起了新员工和基层员工的奋斗热情，激发了新的企业活力，使大家都能持续奋斗。

同时，华为实行TUP还能让企业的激励体系更加健全。在实行TUP之前，华为的薪酬体系中也有很多激励措施，如年终奖、项目奖、"山头奖"等，但这些激励都属于短期激励，周期通常在1年以内。能够起到长期激励作用的主要手段是虚拟受限股，但能够获得虚拟受限股的员工有限，得不到长期激励全体员工的效果。因此，华为的激励体系欠缺一个中长期激励制度，TUP的出现恰好弥补了这一不足。

敏捷落地

相比其他股权激励方式，TUP能够更好地落地，这一点主要体现在以下四个方面。

（一）5年失效，自动退出

许多企业经营者在实施TUP时，会因为没有合理的退出机制，后期出现企业负担加重的情况。而华为的TUP在5年期满后会失效，员工自动退出，能有效缓解TUP负担加重的情况。员工想要获得这一阶段的TUP，就得在这一阶段不断努力，这一阶段结束后同样不能松懈，否则将无法获得下一阶段的 TUP，"躺在股权上睡觉"的情况一去不复返。

（二）"权义"清晰，合规合法

TUP 与虚拟受限股和干股相比，具有很强的合规普适性，权利、义务清晰，符合中国的法律规定。

（三）与考勤和考评挂钩，公平合理

在计算 TUP 收益时，华为将员工的考勤和考评情况作为考核指标，使收益与考评强相关，让那些依赖股权收益而长期休假的"伪奋斗者"失去了"吃大锅饭"的可能性。员工只有努力奋斗，才能有所收获。

（四）无须释放股权

传统股权激励有 3 个弊端：一是流程复杂，股东变更需要去工商局注册登记；二是涵盖人数少，由于注册股的稀缺性，传统股权激励始终只能覆盖少数人，无法激励整个组织；三是法律风险大，员工有一定的流动性，注册股给出去容易，收回来难。我曾与一位做天气 App 的企业经营者有过交流。他在创业之初把一部分注册股份给了创始成员，结果成员离职后，股权难以收回。现在企业想上市，这部分未收回的股权就成了隐患。但 TUP 无须释放股权，没有法律上的风险。

员工喜欢 TUP

员工之所以喜欢 TUP，主要原因有三点，如图 4-1 所示。

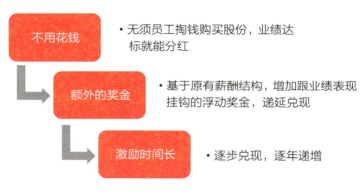

图 4-1 员工喜欢 TUP 的三大原因

一是不用花钱。传统股权激励，需要员工掏钱购买企业股份。很多中基层员工刚加入企业时，购买能力和购买意愿都不强。员工不买，企业就难以激励员工持续奋斗。TUP 则无须员工掏钱购买股份，只要业绩达标，就能够拿到分红。在实施股权激励时，员工就可以拿 TUP 的钱来购买企业的股份。

二是额外的奖金。企业的薪酬结构是企业稳定运作的基石，一般不会大幅调整。并且，员工对薪酬结构的变化非常敏感，薪酬变多可以，变少不行。TUP是基于原有的薪酬结构增加的与企业利润、员工自身考评结果挂钩的浮动奖金，递延兑现，从而得到激励人才、留住人才的效果。

三是激励时间长。几乎每家企业都有一种现象：企业发完年终奖后，是员工跳槽的高峰期。企业既头疼又无奈，想要留住员工却不知道该怎么办。华为有个"369"计划，3月份评奖金，6月份发股份的分红，9月份发上一年度的奖金。员工9月份拿完奖金，只要再干3个月，就又可以多分一年的奖金。员工持续有动力，留在企业的概率就会大一些。对很多企业来说，TUP是一种很恰当的解决方案，因为TUP不是一步到位的年终奖，而是逐步兑现、逐年递增的模式，激励优秀员工持续奋斗。在员工的奋斗生命周期中，始终有TUP激励，那他就会有充足的理由去奋斗，去争取拿到更多的奖金。这样一来，员工的离职意愿就会降低，奋斗意愿就会提高。

很多企业常常要求员工具备战略性思维，以长远的眼光看待企业发展，但企业却没有匹配战略性思维的利益分配机制，所以员工很难相信企业。而TUP的出现解决了这一问题，它是匹配战略性思维的中长期激励机制。

把这三大原因总结起来,就是 TUP 将企业与员工变成利益共同体,利出一孔。看到这里,或许企业经营者又会产生疑问:"为什么是利益共同体,不是命运共同体呢?"这两者之间有着本质的区别:利益共同体强调的是多劳多得,员工可以在企业里赚到钱;命运共同体则强调收益共享,风险共担,员工要和企业共同承担风险。

如果企业没有与员工利益共享,员工怎么可能与企业风险共担呢?所以企业要先做利益共同体,才能成就命运共同体。利益共同体是命运共同体的物质基础,温饱都没有解决,谈何精神文明?

在这一点上,华为的格局显然更高,它清楚地认识到了利益共同体是命运共同体的物质基础,如果没有与员工进行利益共享,凭什么让员工和企业风险共担呢?所以,华为选择先做利益共同体,再做命运共同体。

在全面推广 TUP 前的 2011—2013 年,华为年销售收入平均增长率不足 10%。在全面推广 TUP 后的 2014—2018 年,华为的年销售收入平均增长率达到 25%。TUP 激发了个体、激活了组织,实现了企业的高速发展。

4.3　TUP 适用于哪类企业

有的企业经营者看到这里，可能会认为 TUP 只适用于科技企业或大企业。这是一种错误的认知，TUP 是一种管理工具，适用于所有的行业及企业。我根据多年实践、研究，总结了 TUP 对于不同规模和不同行业企业的价值点，如表 4-2 和表 4-3 所示。

表 4-2　TUP 对不同规模企业的价值点

企业规模	激励对象	价值点
初创型企业	外部资源渠道	筑巢引凤，吸引人才，快速走出"活下去"阶段
中小微企业	外部资源渠道、职业经理人和中坚力量	加速绩效增长，快速突破，实现"破亿"的战略目标
成长型企业	核心力量、中坚力量和高潜人才	稳定核心人才队伍，力出一孔地实现"三分天下有其一"的战略目标
集团公司	核心力量和中坚力量	打破激励平衡，进入"二次增长"阶段
上市企业	股东、核心力量和中坚力量	合理控制资本所得与劳动所得比例，激活未持股人才
国有企业	单个部门或产品线	突破薪酬制度束缚，激活组织与个人

表 4-3　TUP 对不同行业企业的价值点

行业类型	激励对象	价值点
生物医药科技行业	核心科研人才、管理层	关注中长期的研发目标，平衡短期与长期战略目标，分未来的钱
金融行业	外部资源渠道、管理层、效益创造者	构建人才"长期主义"的价值理念
智能装备行业	核心科研人才、管理层、效益创造者	既关注短期产品上市，又兼顾长期新品研发
食品行业	管理层、效益创造者	食品安全的生命线就是 TUP 的准入门槛，业绩的高速增长是 TUP 的激励资金来源
互联网行业	核心科研人才、管理层、效益创造者	吸引人才，留住人才，构建命运共同体
餐饮行业	管理层、店长、效益创造者	构建"前店后台"共同奋斗的机制
房地产行业	管理层、效益创造者	构建从营销驱动到管理营销双驱动的现代企业
连锁酒店、美容行业	管理层、效益创造者	提升服务水平，聚焦客户满意度
现代农业行业	核心科研人才、管理层、效益创造者	提升生产力水平

我用一个曾经辅导过的企业的案例来佐证 TUP 对企业的价值。

广西南宁有一家做系统集成的高科技企业，每年需要招聘大量的优秀应届毕业生作为人才储备。但是，南宁的经济并不发达，应届毕业生更愿意前往广州、深圳等城市发展。为了留住人才，这家企业采用了 TUP，把员工的收益跟产出挂钩。基于同样的业绩表现，留在南宁的毕业生，比去广州、深圳奋斗的毕业生拥有更高的薪资、更广阔的成长空间，企业也顺理成章地留住了更多人才。

最后，我们总结一下：

- **TUP是一种创新型动态股权激励制度。**

- **TUP具有高效激励、敏捷落地、员工喜欢三大价值。**

- **TUP适用于各种类型、各个行业的企业，是匹配战略的中长期激励机制。**

工具 需求诊断：企业需要TUP吗

企业经营者在实施 TUP 前，可以进行需求诊断。需求诊断有两种方法，即"望"和"问"。

望

"望"是指企业经营者观察企业中是否存在以下四种现象，如表 4-4 所示。如果存在，企业经营者就可以在企业里实施 TUP。

表 4-4 企业 TUP 需求诊断方法"望"的具体做法

现象	表现
企业人才流失严重	1. 老员工频繁离职 2. 新员工留不下来 3. 关键岗位严重空缺 4. 人才断档严重
企业员工缺乏工作激情	1. 员工无心工作，懒散、怠惰 2. 企业中各项工作停滞不前、效率低下 3. 员工不愿意发表意见，对企业发展漠不关心
企业员工对薪酬待遇心存不满	1. 企业员工经常提及其他企业的薪酬待遇 2. 大量企业员工要求加薪 3. 企业员工因不满薪酬待遇而不认真工作
企业急需提升员工凝聚力	1. 企业树立了远大的战略目标，需要企业上下一心，共同实现 2. 企业需要营造企业文化，为企业持续发展做准备

如果企业出现以上四种情况,那么企业经营者就可以实施 TUP。

问

"问"是指企业经营者要不断向自己提问,来诊断企业是否需要 TUP。问题的具体内容如表 4-5 所示。

企业经营者将问题一一梳理清楚后,就能明确企业是否需要实施 TUP。

表 4-5 使用"问"进行需求诊断的具体问题

问题	答案
企业有没有 3~5 年的战略?	
企业过往 3~5 年的年度战略目标达成情况如何?	
企业现在处于什么样的发展阶段?	
企业组织架构情况如何?	
企业的职位岗位情况如何?有没有最新的岗位说明书?	
企业是否有职位职级体系制度?	
企业确定职位职级时,是否参考岗位价值评估结果?	
企业是否有核心关键岗位的职业发展晋升通道设计?	
企业是否有针对不同岗位的全面薪酬设计?	
企业除薪酬奖金等中短期激励外,有中长期激励措施制度吗?	
企业有其他关于激活和赋能团队和员工的激励制度吗?	
企业的中长期激励实施效果如何?员工如何评价?	
企业确定员工回报时,是否参考人才盘点/人岗匹配结果?	
企业在岗位职责和员工守则方面是否有相应的制度支撑?	
企业现行的绩效管理制度是什么样的?是否有个人的绩效指标?	

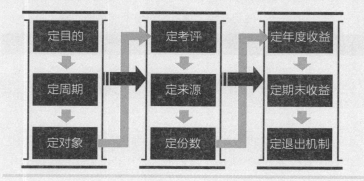

下篇

九定模型

> 如果我们能坚持"利出一孔，力出一孔"，下一个倒下的就不会是华为，如果放弃了"利出一孔，力出一孔"的原则，下一个倒下的也许就是华为。
>
> ——华为

第5章 "定"目的：力出一孔

TUP"九定模型"的第一"定"是确定激励目的——企业为什么要分钱，企业经营者希望通过TUP解决企业的什么问题。在定目的时，企业经营者要解决四个核心问题：

- 企业经营者为什么要定目的？
- 企业经营者要如何定目的？
- 企业经营者做TUP的目的是什么？
- 什么样的目的才能帮助企业经营者取得成功？

5.1 以终为始

《大学》里说"物有本末，事有终始，知所先后，则近道矣"；日本"经营四圣"之一稻盛和夫先生《经营十二条》中的第一条便是"明确事业的目的意义，树立光明正大、符合大义名分的崇高的事业目的"。古代先贤和现代管理大师都在告诉我们，终为先，始为后，明确做事的终点要比开始更重要，更能接近事物的本质与规律。企业经营者做 TUP 也是同样的道理，不能为了做 TUP 而做 TUP。

因此，企业经营者应该首先确定做 TUP 的目的，也就是我们做 TUP 的终点，然后以终为始，反向推演，寻找关键因素或对策，采取相应策略，从而得到结果或解决问题。如果企业经营者做 TUP 时，目的不明确，方向不清晰，那么大概率会失败。确定做 TUP 的目的，企业经营者从上到下都能看清发展方向，避免股权激励流于形式的同时，也能激发个体、激活组织，实现战略。

5.2　TUP 四问

企业经营者应该如何确定做 TUP 的目的呢？

有两个方法可以借鉴。一是对企业高管做充分的调研，其中包括对高管的深度访谈、关键核心员工的调研访谈、其他利益者的调研访谈，必要时可以开展无记名的线上调研问卷；二是企业经营者通过"TUP 定目的四问"来找到做 TUP 的最终目的。

"TUP 定目的一问"：我为什么要做 TUP

通常情况下，企业经营者问出这个问题后，会有三个答案。

第一个答案：我并不想做，但竞争对手、现实情况都在"逼"着我做。这时企业经营者做 TUP 是受制于现实而不得不做。初心不到位，思想不统一，共识达不成，想让 TUP 达到"利出一孔，力出一孔"的效果很难。

第二个答案：我明白做了 TUP 后，企业就能得到发展必需的人才和资源，有付出才有回报。这时企业经营者将 TUP 作为激励人才的工具，遵循了价值创造、价值分配和价值评价的逻辑。

第三个答案：我相信 TUP 的力量，相信员工，不管结果如何，我都愿意试一试。这时企业经营者相信"但行好事，莫问前程"，反而能收获好结果。

"TUP 定目的二问"：我是否真心实意地愿意与员工分享利益

这个问题的答案只有两个：一是愿意；二是不愿意。

如果企业经营者犹豫了，那么代表其内心是不愿意与员工一起分享利益的。

不怕不分享，就怕伪分享。企业经营者如果不是真心实意地与员工分享利益，那么很有可能出现两种情况：一是企业发展势头良好时，企业经营者找各种理由不兑现TUP；二是企业发展势头不好时，企业经营者将所有过错归咎于员工。当企业经营者真心实意地愿意与员工分享利益时，TUP才能得到最好的激励效果。**心正，做TUP不会出大问题；心窄，需要看运气；心邪，必定损人不利己**。

"TUP定目的三问"：我是否心甘情愿地看着员工拿钱

这个问题的答案只有"是"或者"否"。有的企业经营者可能会问："二问"和"三问"是否重复了？我真心实意地愿意与员工分享利益了，怎么还会不愿意看着员工拿钱呢？

事实上，愿意与员工分享利益和亲眼看着员工拿钱，是有一定区别的。尤其是当企业发展进入平稳期，员工的贡献不足，却要分得很多利益时，企业经营者很难做到心如止水。在这种情况下，企业经营者应该将自己的关注点放到那些为企业流汗的奋斗者身上，不必只盯着一两个"搭便车"的员工。

"TUP定目的四问"：我能否接受最坏的结果

企业经营者在做TUP前，如果犹豫不决，不妨询问自己能否接受最坏的结果——"赔了夫人又折兵"。我们要明白，并不是所有努力都会有结果。有可能出现的情况是，企业经营者真心实意地分钱给员工，但最终因为各种原因，没有达到激励效果。因此，在做TUP之前，企业经营者要端正自己的心态，哪怕最终没有成功，也培养了人才，培育了"胜则举杯相庆，败则拼死相救"的文化土壤。

当企业经营者不知道自己做TUP股权激励的目的是什么时，可以借鉴"TUP四问"，找到自己做TUP的目的或方向。

5.3 利出一孔，力出一孔

在TUP实践中，当我问企业经营者"你做TUP的目的是什么？"或者"你做TUP的意义是什么？"时，90%的企业经营者的回答都是"为了业绩增长"。

企业经营者期望实现业绩增长是再正常不过的事情，如何维持业绩增长，使业绩提升、突破，是大部分企业经营者每天思考的重要事项。业绩就是企业的生命线，企业的宏伟蓝图、美好的愿景，都需要通过业绩增长来实现，有了更多的价值创造，才有资本去做价值定位。因此，大部分企业经营者做 TUP 的目的也是业绩增长。

这个目的并没有错，但业绩增长并不是企业经营者做 TUP 的终极目的和唯一目的。业绩增长是一种短期目标，如果企业经营者在做 TUP 时将眼光放在眼前的"一亩三分地"中，只为了提升业绩做短期激励，将给 TUP 的实施留下很大隐患。

举个例子，某连锁水果零售企业经营者，为了提升水果零售业绩，面向一线销售员工实施了 TUP，规定员工的销售业绩达到每月 1 万元的基础目标后可以获得 TUP，业绩越高，TUP 份额越多，分红就越多。这一规定出台后，极大地调动了销售员工的积极性，销售员工纷纷想尽办法达成目标，企业业绩一路飙升，然而正在这位企业经营者为取得的成绩沾沾自喜时，一系列问题便暴露出来了。

原来，许多销售员工为了提升业绩，获得更多分红，出现了"唯利是图"的举动。比如有的销售员工会在给客户称重时，偷偷将客户选购的优质水果换成劣质水果；有的销售员工无视客户提出的要求，给客户推销利润大、价格高的水果，甚至出现"强买强卖"行为；有的销售员工为了让自己得到更多利益，开始与同事争抢客户，当着客户的面对骂……这一系列问题出现后，几乎每天都有客户到门店退货，并投诉员工，企业的形象和信誉大大受损，很多老客户也不再光顾。企业业绩在短时间提升后，便呈直线下降，企业亏损严重，最终无力回天。

出现这些问题的原因正是这家企业经营者只以提升业绩为考评标准，忽视了高业绩背后的服务质量和服务过程，导致员工为了获得眼前利益不择手段。这无异于"杀鸡取卵"，损害了企业的长远利益和社会形象，摧毁了企业发展的根基。

因此，业绩增长不是企业经营者做 TUP 的终极目的和唯一目的，它不符合企业长久发展和持久生存的发展规划，不能让企业可持续发展。企业经营者要想实现永续发展，不能只注重业绩增长，而应该考虑企业发展的长期目标；不能只考虑提升员工的积极性，还应该从更深层次去思考实施 TUP 的终极目的。

那么，企业做TUP的终极目的究竟是什么？

华为早在1998年的《华为基本法》中就对此进行了阐释，表示华为价值分配的理念是"利出一孔，力出一孔"，希望通过"利出一孔"来保障"力出一孔"。换言之，企业做TUP的终极目的就是做到"利出一孔"，最终实现"力出一孔"。

《华为基本法》第一章第一节第五条这样写道："华为主张在顾客、员工与合作者之间结成利益共同体。努力探索按生产要素分配的内部动力机制。我们决不让雷锋吃亏，奉献者定当得到合理的回报。"如图5-1所示。

图5-1 《华为基本法》第一章第一节第五条

这一条例中的三句话，很好地诠释了华为"利出一孔，力出一孔"的价值分配逻辑，我们现在来一一解读。

第一句话是"华为主张在顾客、员工和合作者之间结成利益共同体"。在这句话中，首先说明的是"利益"二字，为什么华为要与顾客、员工、合作者结成利益共同体而不是事业共同体、命运共同体？因为企业要想生存下去，必须获得利益，华为也是如此。任正非在《资源是会枯竭的，唯有文化才能生生不息——在春节慰问团及用服中心工作汇报会上的讲话》中说道："华为是一个功利集团，我们做的一切都是围绕商业利益。"

有一句流行语是这样说的："钱不是万能的，但没有钱是万万不能的。"这也印证着无论什么人、什么组织都需要利益。

获得利益后，更难的是分配利益，怎样才能将获得的利益分配好，使赚取利益的人能更加努力，以获得更多利益呢？华为的做法是将顾客、员工与合作者结成利益共同体，这样一来，华为不再单纯追求某一方的价值最大化，而是追求利益共同体的价值最大化。

当华为将顾客、员工与合作者结成利益共同体后，各利益方合在一起就成为一个"利益集团"，将会达成"力出一孔"。

许多企业认为顾客、员工、合作者等利益相关方在分配利益时，是互相竞争、此消彼长的关系，认为某一方多分了，另一方就会少分。在这种博弈观念的指引下，员工和合作者会尽量提高产品或服务的售价，让顾客多出钱；给员工发工资时，企业会尽量压低员工的薪资；而员工为了获取更多利润，也会压低合作者提供的产品或服务的价格。在这种情况下，企业的各个利益相关方之间的关系都非常紧张，明争暗斗频繁，"利出一孔"更是天方夜谭，企业很快就会因彼此消磨而停止增长，最终走向倾覆。

而华为将各个利益方团结成利益共同体后，员工和合作者会尽量为顾客提供高价值的产品和服务，让顾客得到更好体验；在与合作者互通有无时，华为也会要求合作者提供高价值的产品或服务，并给予与之匹配的高报酬；给员工发工资时，华为会尽量提高员工的薪资水平，激励员工奋斗，做到"利他""利企""利奋斗者"，将各个利益相关方拧成一股绳，共同为了自身利益和集体利益出力。

任正非在 2010 年的一次讲话中说道："以前华为跟别的公司合作，一两年后，华为就把这些公司'吃'了或'甩'了。这是'黑寡妇'的做法（黑寡妇是一种毒蜘蛛）。今天，我们要改变这个做法，要开放、合作、实现共赢。

我们要保持'深淘滩、低作堰'的态度,多把困难留给自己,多把利益让给别人。"在利他的同时,华为也为自己谋取了更大的利益。

第二句话是"努力探索按生产要素分配的内部动力机制"。第一句话强调的是华为对产业链利益分配的态度,而这句话则强调的是企业内部的利益分配态度。这句话的重点是探索内部动力机制,是指在企业内部分配利益时,以激发企业发展动力为主要方向。华为自创立以来,一直在探索能够激励员工奋斗的分配机制,如固定奖金、现金津贴、内部股票、特殊表彰等。通过完善内部动力机制,华为充分激活组织,做到"利企",获得了足够多的内部发展动力。

第三句话是"我们决不让雷锋吃亏,奉献者定当得到合理的回报",这句话是从企业角度认可员工个人的贡献,让华为的利益分配更加公平。很多企业在给员工分配利益时,会主张员工"多劳少得",多为企业牺牲、奉献,当"活雷锋"。华为不反对员工做"雷锋",但反对让"雷锋"吃亏,崇尚"多劳多得,少劳少得",保证了对员工进行价值分配的公平性,做到"利奋斗者"。这样一来,华为员工没有了后顾之忧,便会努力工作,因为华为自然会慷慨给予其该得的报酬。

综上可知，无论企业经营者是想通过TUP激发个体、筑巢引凤、激活组织还是实现战略，最终的目的都指向一个——"利出一孔，力出一孔"。因为只有当企业所有人都"力出一孔"时，企业才能打造一个敢打胜仗、能打胜仗的组织，才能筑巢引凤，才能实现战略等。但"力出一孔"的前提是"利出一孔"，"利出一孔"是方法和工具，"力出一孔"是终极目的。正如任正非所说："如果我们能坚持'利出一孔，力出一孔'，下一个倒下的就不会是华为，如果放弃了'利出一孔，力出一孔'的原则，下一个倒下的也许就是华为。"

根据华为做TUP的目的以及我对诸多企业的研究，总结起来，企业实施TUP的目的主要有以下四个，如图5-2所示。

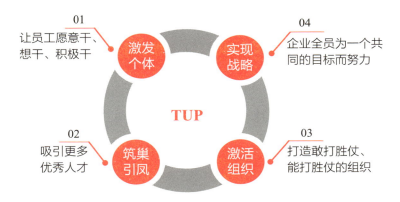

图5-2　企业经营者做TUP的四大目的

5.4 成就员工

在定 TUP 目的时，还会出现一种情况：企业经营者知道做 TUP 的目的是"利出一孔，力出一孔"，但在实践时却走了样，这是为什么呢？原因是企业经营者目的不纯。如果企业经营者做 TUP 的初心不是利他的，那么最终也难逃失败的厄运。下面分享一个让我深受启发的故事，让大家明白其中的逻辑。

小和尚去化缘，特意挑了一件很破旧的衣服穿上。老和尚问他："为什么挑这件衣服穿上？"小和尚回答道："我找件破旧的衣服，这样施主们才会同情我，才会多给钱。"老和尚继续问道："你是去化缘还是去乞讨？你是希望人们看你可怜施舍你，还是希望人们看你有修为，透过你去度化人？"小和尚猛然醒悟，接着把平日穿的衣服换上，安静地出门化缘。

我们做任何事都是有初心的。初心带着目的性是我们的习性，每一个动作、每一个行为，都是出于我们的初心。

企业经营者做 TUP 的对象是员工，企业经营者就应该站在员工的角度思考问题。只有所有员工都能在物质和精神两方面获得幸福，企业才能够为客户、用户提供更优质的服务。这样一来，企业的社会价值就能够得到提升，最终股东也会获利，企业也能够对社会做出巨大的贡献。所以，企业经营者做 TUP，激发个体、筑巢引凤、激活组织、实现战略等是果，员工幸福是因。我认为企业经营者的使命是做大平台，成就员工梦想。

稻盛和夫说："一切始于心，终于心。人生的一切都是自己内心的投射。一切成功都归结于利他之心。"企业经营者做 TUP 的初心不同，结果自然不同。真心利他，让员工受益，自然能成事。自利则生，利他则久。正如稻盛和夫在《心》这本书中所说："凡事以利他之心发起行动，早晚会结出善果，并返回自己身上。"

企业经营者在做 TUP 时，要时常问问自己："为什么要做，我的初心是为了员工的利益，还是自己的利益？"怀揣为了员工幸福的初心，我们再来确定做 TUP 的目的。

下面，我通过一个企业的实践案例来诠释定目的的落地应用。

2020 年，受新冠疫情影响，一家连锁美容企业业绩大幅下滑。门店经常开一天关三天，员工的工作热情逐渐减少，组织丧失了战斗力，哪怕后续企业经营逐渐恢复，员工依然比较懒散。这家企业的经营者察觉到了这一现象，为了提升业绩，他向合作伙伴讨教了经验，在企业内部做起了 TUP。但除了提升业绩，这家企业的经营者没有思考过做 TUP 的其他目的。他只是看合作伙伴在做，便也跟着做。当目的不明确时，很难取得好结果。果不其然，这位企业经营者在企业中试行了 TUP 后，员工一开始确实被激励了，但很快又被打回原形，做了 TUP 和没做一样，甚至企业的氛围、业绩更差了。

无计可施的企业经营者找到我，经过简单分析后，我发现了他"做 TUP 没有目的"这个问题。于是我做了两件事，第一件事是运用"TUP 四问"，挖掘这位企业经营者做 TUP 的目的，结果发现这位企业经营者只是"跟风"和想提升企业业绩；知道这一点后，我做的第二件事是帮助这位企业经营者明确做 TUP 的终极目的——"利出一孔，力出一孔"，围绕这一点设计了能让企业内各个利益相关方"利出一孔"的 TUP 方案，很快员工、合作者和企业拧成了一股绳，业绩开始平稳增长。随着 TUP 落地程度的加深，这位企业经营者的认知也逐渐改变，他发自内心地希望通过 TUP 让员工受益。在这种目的的指引下，这位企业经营者做 TUP 做得十分极致，员工真切地感受到了企业的关怀，重新激发工作热情，全身心投入工作，创造出更多价值，企业与员工实现了双赢。

最后，我们总结一下：

- 企业经营者为什么要定目的——明确做TUP的目的，是企业落地TUP的第一要素，也是最重要的一步。

- 企业经营者要如何定目的——企业经营者可以通过对企业高管做充分的调研和"TUP四问"来明确目的。

- 企业经营者做TUP的目的是什么——利出一孔，力出一孔。

- 什么样的目的才能帮助企业经营者成功——真心利他，成就员工，才能成就企业。

> 激励员工就像炒菜一样，需要把握调料的放入时机，放入时机不同，可能会使做同一道菜的口感完全不同。
>
> ——作者的体悟

"定"周期：时机不对，努力白费

确定了做TUP的目的，企业经营者接下来要做的是"定"周期——确定TUP的相关时间。

这是一个令许多企业经营者头疼的问题，从大的时间维度来说，企业应该在初创期、发展期、成熟期还是衰退期实施TUP？从小的时间维度来说，企业应该在今年、明年还是后年实施TUP？在前文中，我们提到过，企业在不同时期，实施TUP的效果不同。无论是初创期、发展期、成熟期还是衰退期，企业都可以实施TUP，且越早分钱越好。没有"梧桐树"，引不来"金凤凰"。那么，具体应该在什么时间开始实施TUP呢？又应该在什么时间截止，什么时间分红呢？企业经营者明确这一系列时间节点的动作，就叫"定周期"。

定周期非常重要，如果 TUP 周期设置不对，那么将难以起到激励作用，不能使员工认为努力工作就能获得回报，反而会让员工认为企业是在"画饼"，兑现分红遥遥无期。企业经营者要综合企业和企业员工两方的利益诉求，设计出符合 TUP 激励初衷的时间节点，达到"利出一孔，力出一孔"的激励目的。

在一个 TUP 激励周期中，一般包含以下时间节点：TUP 的有效期、授予日（授权日）、奋斗等待期、生效期、时间单位收益期和清算期，如图 6-1 所示。

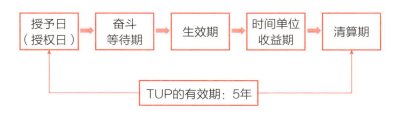

图 6-1　一个 TUP 激励周期内包含的时间节点

看完这张图，企业经营者可能会产生以下疑问：

- 这些时间节点是什么意思？
- 这些时间节点具体应该如何设置？

6.1 有效期：5 年

TUP 的有效期是指 TUP 从授予到失效的期限，华为 TUP 的有效期为 5 年。5 年期满后，员工此前获得的 TUP 全部失效。之所以给 TUP 设置有效期限，主要原因是华为认为配股如果没有周期限制，就会出现老员工"躺在股权上睡觉"的情况。而将 TUP 设置为 5 年，则是基于企业的战略周期和员工的奋斗周期而定，其他企业在设置 TUP 的有效期时，也可以从以下两个方面出发。

企业的战略周期

企业的战略周期是指企业实现一个战略目标的周期，在设置 TUP 有效期时，企业经营者需要结合企业的战略周期。

在定目的时我曾提到，企业经营者要想做到利出一孔，就要将企业多方利益协调一致。实施 TUP，也要将员工利益与企业长期利益协调一致。企业若想长期发展，必然会布局相对长久、全面的战略规划，确定哪个阶段完成哪个战略目标。将 TUP 的有效期与企业的战略周期进行有机匹配，更利于企业有针对性地激励员工完成战略目标。

企业经营者在设置 TUP 有效期时，TUP 的有效期略长于企业的战略周期，若企业达成一个战略目标的周期为 3 年，TUP 的有效期则可以设置为 4~5 年。

员工的奋斗周期

企业经营者设置 TUP 的有效期时也需要考虑员工在企业的奋斗周期。为什么很多企业实施了 TUP，却没有达到激励效果呢？这与企业没有把握好激励员工的"奋斗周期"有关。一般来说，企业在使用 TUP 激励员工时要把握好五个重要阶段，而这五个阶段组成了员工的奋斗周期，如表 6-1 所示。

表 6-1　员工的奋斗周期

员工奋斗周期各阶段	具体时间
学习投入阶段	入职 1~6 个月
价值形成阶段	入职 7~12 个月
能力发挥阶段	入职 13~17 个月
价值提升阶段	入职 18~36 个月
高产贡献阶段	入职 37 个月及以上

表 6-1 中给出的各阶段的具体时间，并不绝对。企业经营者在设置 TUP 有效期时，要把员工的整个奋斗周期考虑进去。

把握激励的阶段，从本质上来说是把握激励员工的时机。**时机不对，努力白费**。激励员工就像炒菜一样，需要把握调料的放入时机，放入时机不同，可能会使做同一道菜的口感完全不同。超前激励往往会使员工"恃宠而骄"，迟来的激励又让员工觉得"画蛇添足"，只有及时激励效果最佳。

以上两个因素仅供企业经营者参考，在实际操作中，企业经营者需要综合考量企业自身情况、员工实际情况、行业惯例等多方面因素，以确定TUP的有效期。

6.2 授予日：每年授予

"授予日"也称"授权日"，是指企业向员工授予TUP的时间。在整个TUP周期中，授予日这个节点十分重要，授予日是计算其他时间节点的重要依据。

在华为，TUP的授予日是在每年的9~10月，也称为"每年授予"。每年授予的意思是每年定期、定额把TUP授予员工。当然，各部门的授予日也不完全一致，有的部门甚至一年内会有两次授予。这是因为TUP在实施多年后，华为已逐渐将权限下放至各部门，而部门权限也使得TUP的授予时间有所差异。为什么华为会选择将每年的

9~10月定为授予日,而不是选择将年初的某一段时间定为授予日?除去让 TUP 和虚拟受限股的授予日保持一致这个原因外,最主要的还是为了留住优秀人才。因为华为给员工发放的 TUP 份额是根据上一年度的 KPI[⊖]考核结果确定,不是根据当年度 KPI 考核结果确定。对于当年度表现优异的员工,TUP 是一种递延奖励。如果员工第二年离职,他就会损失上一年度的 TUP 收益。比如小李在 2018 年表现优异,2019 年 3 月组织 KPI 考核,他在 2018 年的表现被评为 A,应当获授 5 万份 TUP,但 2018 年年底他无法获得这 5 万份 TUP,必须等到 2019 年 10 月才能获得。他如果在 2019 年 12 月 31 日前离职,则无法获得 TUP 的所有收益。因此,一般拿了 A 的员工都不愿意离职,这就起到了留住优秀人才的效果。

TUP 在华为实施多年后,华为渐渐将权限下放至部门,各部门权限比较大。有的部门一年发两次 TUP,上半年和下半年各一次,各部门的具体发放时间也不完全一致。

那么,企业经营者根据华为设置 TUP 授予日的方法,能获得哪些经验呢?

我总结出企业经营者在确定授予日时要把握的"两个

⊖ KPI:Key Performance Indicators,关键绩效指标。

方便"原则。

一是方便企业落地。企业经营者在确定授予日时,要从方便操作的角度出发,不要给自己制造麻烦,增加工作量。比如,将授予日设置为工作日,让授予日与企业战略目标的起始日或部门考核日期相匹配等。

二是方便考评激励对象。企业经营者在确定授予日时,还要方便考评激励对象。比如,企业经营者可以将授予日设置为激励对象的受聘日、晋升日、业绩考核日、做出关键成果日,从而让激励对象感受到企业对他的肯定,使激励效果增强。

根据"两个方便"原则,我总结出企业经营者在确定TUP授予日时可以参考的四个日期,如图6-2所示。

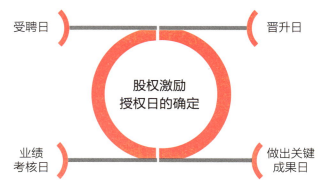

图6-2 TUP授予日的四个参考日期

6.3 奋斗等待期：1 年

企业向员工授予了 TUP 后，员工还不能享受 TUP 收益，要先奋斗一段时间，奋斗之后达成一系列事先约定的条件，TUP 才能真正生效。这段奋斗的时间被称为"奋斗等待期"。

为什么 TUP 不能立即生效呢？因为企业需要通过设置奋斗等待期来激励、留住、绑定优秀人才。虽然 TUP 是企业内部的股权激励，但如果不设置奋斗等待期，员工很有可能在短期内获利后便不再奋斗，甚至离开企业，造成企业人才流失。因此，企业给 TUP 设置等待期，员工在一定时间内满足相应要求后 TUP 才会生效。如果员工在等待期内终止与企业的劳动关系，那么企业将收回还未分红的 TUP，员工不愿意眼睁睁看着近在咫尺的收入没了，只好留在企业，继续勤奋工作，才能真正获得 TUP 分红，因此企业的员工流失率会降低。

华为 TUP 的奋斗等待期通常为 1 年。等待期不可过短，也不可过长，企业经营者应当综合考虑企业所处行业、激励对象的职业属性及企业战略目标的实现周期来确定等待期。

6.4　生效期：分次生效或一次性生效

确定等待期后，并不意味着企业发放的 TUP 全部立即生效。华为在 2012 年实施的 TUP，等待期过后采用分期生效的方式，让员工所获得的 TUP 分 3 年完成生效。

举例，假如华为 2013 年授予了员工甲 TUP，配股 6000 股，虚拟面值为 1 元。那么在一个 TUP 激励周期内（5 年），员工甲的 TUP 生效期如图 6-3 所示。

为什么华为 TUP 不是一次性生效，而是分成 3 年生效？这是华为基于贡献与收益匹配的原则设置的，员工贡献越大时，收益就越多。如果员工的贡献很小，收益却很多，企业很难维持收支平衡；如果员工贡献很大时，收益却很少，员工很难不产生"离职""跳槽"等想法。只有员工的贡献与收益相匹配，企业和员工的劳动关系才能稳定。

2015 年，华为将 TUP 的生效方式改成了一次性生效，即员工在第 2 年分红时，便可拿到全部分红。之所以这样修改，是因为许多华为员工在进入华为后，通常工作满 2 年才能获得 TUP，第 3 年才能获得 1/3 分红权，

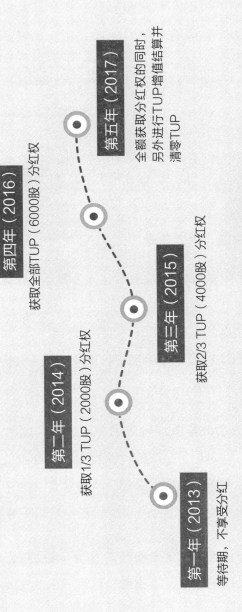

图6-3 员工甲的TUP生效时间示意图

员工在华为工作的前 3 年 TUP 收益很少，TUP 的激励效果不显著。将生效方式改为一次性生效后，员工在华为工作的第 3 年便可以获得较为丰厚的分红，更容易留住人才。

通过华为设置 TUP 生效期的方法，我们可以总结出两种设置 TUP 生效期的方式。

分次生效，延迟享受

分次生效是指 TUP 生效后，员工需分多次获得分红，而不是一次性获得分红的方式。在每一次分红时，员工都需要满足相应的行权条件，才能获得分红。比如，某企业要求获得 TUP 的员工在满足行权条件后分 5 次获得分红，每次获得 1/5 分红。

将 TUP 生效期方式设置为分次生效，能做到长期留住优秀员工，避免员工一次性获得大额分红收益后"拿钱走人"。在实际操作中，采用分次生效设置的企业更多，让员工"小步快跑，逐步升级"，激励效果更好。

通常在设置分次生效期时，不同行业会根据行业特性选择不同的时间跨度。实施股权激励较多的主要是对人才尤其是技术人才需求和依赖度较高的行业。这些企业留住人才、将人才和公司前景绑定的愿景更强烈，同时由于企业的股票成长空间巨大，实施股权激励也会有更好的效果。其中，对于分期激励的绑定期限的设计，不同类型的企业会有不同的考量。结合实践和上述数据，我们提出以下建议（见表6-2）。

通常来说，绑定期限与企业战略目标的实现时长成正比，与企业对员工的依赖程度成反比。例如，我曾辅导过一家创立时间长、综合实力强的企业，这家企业在设置TUP分期激励期限时，我建议企业经营者将TUP有效期设置为4年，奋斗等待期为1年，生效方式为从第2年开始，在满足行权条件的情况下，每年获得1/3分红。

表6-2 不同类型企业分期激励期限的设置建议与原因

企业类型	分期激励期限设置	原因
初创型企业	缩短绑定期限	留住优秀人才，激发个人潜力
综合实力强的企业	延长绑定期限	实现长期激励并绑定核心员工
其他企业	结合企业自身情况，尤其是战略目标的实现时长、行业对员工的依赖程度等因素，决定绑定期限	降低优秀人才流失率，激活组织

为什么这样设置？因为这家企业创立时间长、综合实

力强,是行业领军企业,战略目标的实现时长较长,员工对企业的依赖程度高,将绑定期限延长,且设置一定的行权条件,能有效提升员工的工作热情,实现长期激励并绑定核心员工。

一次性生效

一次性生效是指员工在一个TUP时间期限满后,可以行使全部权利。比如,有的企业在TUP生效后,员工可以一次性获得全部分红,也就是奋斗等待期结束后,员工可以获得一大笔分红收益。这种方式对员工的激励效果显著,能让员工迅速拿到分红,适合希望在短期内快速改善经营状况的企业。

又例如,我曾辅导过一家初创型企业,这家企业处于"蓝海市场"中,短期内竞争对手较少,但已经有不少大企业开始在该市场进行布局。为了迅速占领市场,我建议这家企业经营者将TUP的生效方式设置为一次性生效,将奋斗等待期设置为1年,行权条件设置为个人业绩达到100万元。等待期满时,如果员工的个人业绩达到100万元,即可一次性获得TUP分红。

在这样的激励下,企业员工个个铆足了劲儿创造业绩,很快在多个省份的多个城市开拓了市场。该企业通过一次性生效的 TUP 抢占了先机。

中小企业到底要选择分次生效方式，还是一次性生效方式？可以根据激励对象来确定。通常情况下，对于新员工或进入企业不到三年的员工，建议选择一次性生效方式；对于进入企业三年以上的核心员工，可以选择分次生效方式。

同时，企业经营者要注意的是，TUP 生效期的时间，不是单纯耗费时间的延期支付，也不是随意设定的，需要和企业的阶段性战略目标实现期限一致。过短的生效期不利于体现激励效应，甚至会诱发员工的短期行为，有悖于股权激励的初衷；过长的生效期又会打击员工的积极性。

6.5　时间单位收益期：递延＋递增

TUP 的分红期是指生效期满后，员工分红的时间。分红的时间分为兑现日和结算日。分红期结束后，员工的 TUP 周期进入清算期。

华为 TUP 的分红，采取的是"递延＋递增"的分配方案，如图 6-4 所示。

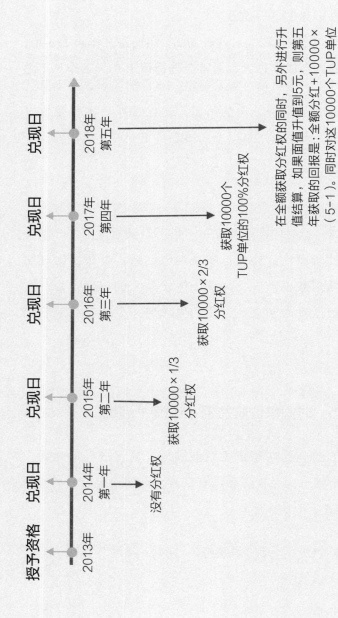

图 6-4 华为 TUP 分红方案

华为采取的 5 年制 TUP 模式以及"递延＋递增"的分配方案，恰好可以应对这种局面。当员工工作满 2~3 年，因离开的机会成本过大，通常会选择留下来。工作 5 年之后，不符合企业价值观的员工会离开（主动或被动），给真正的"奋斗者"获取可观的虚拟受限股的机会，企业长期留人的问题也可以被较好地解决。

6.6　清算期：5 年期满清零

TUP 的一个有效周期为 5 年，员工只有在企业工作满 5 年才能享有 TUP 增值收益。因此，第 5 年也被称为 TUP 的期末结算年。华为会对累计期末增值收益进行结算与支付，此时，无论员工是否离职，其在这一周期内所获得的 TUP 都会在享受分红后自动失效，而这也意味着这一周期的 TUP 正式清零。

为什么华为将 TUP 的有效周期设计为 5 年呢？主要还是为了规避虚拟股"一劳永逸"的弊端。比如，一些老员工在坐拥大量股票收益后不思进取，不再为企业创造更多的价值与收益。所以，TUP 在 5 年后清零的做法不仅能规避这一问题，还能解决 5 年之内新员工激励不足的问题。当新员工入职 2~3 年，得到了一定的成长和收获想要离开企业时，也会因为机会成本过高而打消离职想法，选择继续在企业工作下去。同时，华为也会鼓励和要求员工，通过不断努力工作以换取更多期权奖励。

TUP动态股权激励"九定模型"中的定周期已经全部分享完毕，企业经营者根据企业与激励对象的实际情况，合理设置TUP激励周期中的各个时间节点，这既是达到TUP股权激励目的的必然要求，也是强化激励效果的有效方法。只有科学合理地划分各个时间节点，才能做到事半功倍。

最后，我们对"在什么时间分钱"进行了总结：

- 企业经营者可以根据企业的战略周期、员工的奋斗周期、企业自身情况、员工实际情况、行业惯例等多方面因素，确定合适的TUP有效期；

- 企业经营者需要遵从"两个方便"原则设置企业TUP授予日；

- 企业经营者先授予员工TUP，员工经历1年左右的等待期后，才能享受TUP；

- 企业经营者可以根据激励对象来确定生效期，根据企业自身情况尤其是战略目标的实现时长、行业对员工的依赖程度等因素决定绑定期限；

- 企业经营者可以采用"递延+递增"的分配方式来分配TUP。

> 让参与价值创造的要素都拥有价值分配的权力。
>
> ——华为

第7章

"定"对象：人选对了，事就成了

TUP"九定模型"的第三"定"是确定激励对象——企业要把 TUP 分给谁？

激励对象是企业做 TUP 的核心，企业做 TUP 的出发点和最终的归宿都要落实到每一个激励对象上。选对了激励对象，TUP 就成功了一半；选错了激励对象，正向激励变成负向激励，最终"赔了夫人又折兵"。因此，能否合理"定对象"成为企业实现"利出一孔，力出一孔"的关键。

当企业通过 TUP 激励做出一定成绩后，在"论功行赏"的环节，发现待激励对象中既有为企业发展立下汗马功劳的"元老"，又有当下表现突出的"英雄"，还有未来可期的"明日之星"，TUP 应该给谁、不给谁呢？有的企业经营者在面对这个难题时，瞻前顾后、难以抉择，为了不得罪人，索性把 TUP 给了所有人，做"福利型 TUP"。但当企业所有人都拥有 TUP 时，TUP 就失去了稀缺性，员工也不会珍惜 TUP，TUP 将毫无激励作用。

那么，企业经营者到底应该怎么确定 TUP 的激励对象呢？我将对企业经营者确定激励对象时遇到的问题进行一一解答。

- 企业经营者做 TUP，到底是全员激励还是根据一定的标准来筛选激励对象？
- 如果有一定的标准，这种标准又应当如何确定呢？是以工作年限来考察还是以工作岗位或者工作业绩来考察？又如何评判员工是否有做持续贡献的能力呢？
- 对于一些无法以直观数字来确定贡献的员工，比如非销售岗的员工，又该如何判断他们是否是 TUP 的激励对象？

7.1 谁创造了价值

我们先来看看华为是如何"定对象"的。

华为"定对象"的逻辑来源于华为的价值分配体系，

因为"分钱"属于华为价值分配的一部分,不处理好价值分配问题,分钱就无从谈起。任正非也曾反复强调:"华为公司要解决生存问题,价值分配是个主要问题。"

那么,华为究竟是如何解决价值分配问题的呢?

《华为基本法》对此进行了系统的、详细的解答。下面,我将结合《华为基本法》中的内容对这个问题进行分析,让企业经营者深入理解华为价值分配体系的原则和底层逻辑。

企业经营者要想解决价值分配问题,第一要务是确定谁有资格参与价值分配。很多企业经营者看到这句话时会产生疑问:这个问题需要讨论吗?他们理所当然地认为——谁创办了企业,谁就有资格参与企业的价值分配。

华为并不这样认为,华为从更深层次理解了这个问题,思考到底有哪些要素参与价值创造。华为要让参与价值创造的要素都拥有价值分配的权力。这一做法使华为的价值分配体系更加高明,彻底激活了各个价值创造要素。

此时,确定谁有资格参与价值分配这个问题就转化为"什么创造了价值"。对于这个问题,大部分企业经营者并未思考过。如果企业经营者搞不清楚什么创造了价值,就不会清楚要将价值分配给谁,也不会清楚要分配哪些要素。华为一直在思考这个问题,华为给予创造价值的相关要素充分的认可和参与分配的权力。

《华为基本法》中回答了"什么创造了价值"这个问题,在中国著名经济学家和企管学家、经济学博士黄卫伟的著作《走出混沌——〈华为公司基本法〉诞生记》中,详细展现了华为是如何思考这个问题的。

在起草《华为基本法》时,他们这样描述"价值创造":"我们认为劳动,尤其是创造性劳动,创造了公司的全部价值。"任正非看到后,认为这样的描述不太准确,在进行讨论后,《华为基本法》最终在第三稿中确定了"劳动、知识、企业家和资本创造了公司的全部价值"这一核心理论,如图7-1所示,并且再未有过修改。

图7-1 《华为基本法》第一章第四节第十六条

《华为基本法》中明确指出:"劳动""知识""企业家""资本"创造了价值。在明确这四大要素时,我们还要注意这四大要素的排序。华为将"劳动"排在第一位,将"知识"排在第二位,原因是华为重视劳动人民和知识分子,也就是华为的员工;把"企业家"排在第三位,肯定了企业家的重要性,但顺序排在员工之后。

许多企业在排列创造价值的要素时,往往会将企业家(企业经营者)排在第一位,认为企业是由企业家创造的,所以企业家创造的价值最大。但华为更重视员工的能量,因为企业发展依赖于全体员工而非企业家个人。

"资本"排在第四位,华为客观承认资本在价值创造中的地位,且将其放在第四位,体现了华为认为"人"是创造价值最重要的因素,其次才是资本。

另外,华为明确指出这四大要素创造了企业的全部价值,"全部"是一个较为绝对的词,表示华为认为除了这四大要素,没有其他的要素了。换言之,华为在分配价值时,只要将这四个要素创造的价值分配到位即可。

第一章第四节第十六条是《华为基本法》中最简短的一条,却奠定了华为整个价值分配体系的基础,成为华为价值分配行为"万变不离其宗"的那个"宗",为华为进行价值分配提供了强有力的理论支撑。

7.2 价值分配怎么分

解决了"什么创造价值"的问题后,我们还需要了解价值分配应该怎么分。对于这一点,华为在《华为基本法》中也给出了答案,在第一章第四节第十九条中明确写道:"效率优先,兼顾公平,可持续发展,是我们价值分配的基本原则。"如图7-2所示。

《华为基本法》中表示要"效率优先,兼顾公平,可持续发展",这是价值分配的基本原则,提醒企业经营者价值分配不是目的,而是手段。企业经营者进行价值分配的目的是提高企业整体效率,兼顾公平,从而推动企业可持续发展。有的企业经营者进行价值分配时并未遵循这个原则,因此也就无法达到价值分配的目的。

那么,究竟该如何进行价值分配呢?华为给出了三种分配方式,即按劳分配、按资分配、向核心层和中坚层倾斜。

按劳分配:能力、责任、贡献和工作态度

《华为基本法》讨论的价值分配原则,就是从按劳分配和按资分配两个维度展开的。首先是按劳分配的依据,

图 7-2 华为价值分配原则

"按劳分配的依据是能力、责任、贡献和工作态度",如图7-3所示。

图 7-3　华为按劳分配的依据

按劳分配就是根据员工的劳动来分配价值,一般来说主要有工资、奖金、津贴、股权等形式。按劳分配的四个依据的顺序很容易被企业经营者忽略,因此我在这里着重强调:能力在第一位,责任在第二位,贡献在第三位,工作态度在第四位。

看到这个顺序,企业经营者也许会感到疑惑,为什么贡献在第三位而不是第一位?通常情况下,企业经营者会不由自主地青睐贡献更大的员工,按劳分配时会把业绩排在第一位。但将贡献放在第一位其实存在一定的不合理性,因为在不同阶段、不同岗位,员工创造的贡献大小难以衡量。

例如,华为的员工A在国内轻轻松松地创造100万元的业绩,我们可以说他贡献很大;而与员工A岗位相同的另一名员工B,在非洲或南美洲的小国,异常艰难地创造了

10万元的业绩，难道我们就认为员工 B 的贡献小于员工 A 吗？当然不行。在华为，像员工 B 这种类型的员工被称为"洗盐碱地"的员工，是指在现在产生不了业绩的土地上耕耘，为未来产生业绩奠基的员工。这类员工的工作具有开创性意义，能为华为打开新的市场。如果创造了利润的员工就是贡献大的员工，能获得更多的价值分配，那么就没有人愿意去"洗盐碱地"，华为将难以开拓新的市场和业务领域。

那么，为什么能力排在第一位？华为将员工能力视为按劳分配的第一依据，目的是激励员工不断提升工作能力，从而打造出一支能打胜仗的团队。怎样判断一位员工的能力如何？在华为，能力不是员工拥有的学历、证书，不看员工把自己宣传得多么好，而是看员工在工作过程中的表现。任正非在《关于人力资源管理变革的指导意见》中指出，茶壶里的饺子，我们不承认的。倒不出饺子，还占据一个茶壶就是高成本。也就是说，一个人的能力是通过结果证明的，拿不到结果的能力都是"假能力"。而这里的拿结果又与贡献不同，只要在自己的岗位上达成目标，就能证明自己的工作能力。这样一来，员工更愿意去艰苦的岗位磨砺自己，通过"洗盐碱地"来展示自己的能力，企业内部会形成一种勇于拼搏、开拓的氛围。

为什么责任排在第二位？因为责任体现着员工对企业

的担当和付出。责任感强的员工，对工作要求高，能更好地完成工作任务。同时，责任有相对性，不能抛开员工的职位或岗位谈责任，如果员工的职位或岗位更高，那么其承担的责任也就更大，责任大了，价值分配就更多，能获得更多工资、奖金和津贴。这也是在倒逼员工主动承担更大的责任，主动向更高的职位或岗位冲刺。

员工的工作态度排在第四位。在很多企业，员工的工作态度只是企业经营者考察员工时不重要的标准。但华为非常重视员工的工作态度，将其排在按劳分配依据的第四位，与能力、责任和贡献并列，任正非曾说："尽心与尽力是两回事。一个人尽心去工作与尽力去工作，有天壤之别。"

华为把员工分成三类：一类是普通劳动者；一类是一般奋斗者；还有一类是卓有成效的奋斗者，如图7-4所示。

图7-4 华为员工的三种类型

员工是否是卓有成效的奋斗者，关键看工作态度。任正非指出:"用心的干部即使在技术方面差一点也会赶上来,因为他会积极想方设法去进步。"如果员工想成为奋斗者,需要签署《奋斗者申请书》,表明自己愿意"成为与公司共同奋斗的目标责任制员工,自愿放弃带薪年休假、非指令性加班费"。一旦员工成为卓有成效的奋斗者,华为就会在价值分配上向其倾斜。这样的申请看起来有点苛刻,对此,任正非是这样解释的:"成为奋斗者或劳动者是员工的自愿选择。劳动者享受准时下班玩、周末休息、加班给钱,在经济回报上并不吃亏。奋斗者不要这些,就吃亏了吗?没有。公司会给成为奋斗者的员工分配内部股票。他的短期报酬是将自己每年的贡献兑换成奖金,公司继续产生的利益跟他无关。他的长期激励是用内部股票的方式,让他继续享受过去的劳动贡献。奋斗者退休以后可以保留公司内部股票,享受过去劳动的贡献。"

按资分配:可持续性贡献、突出才能、品德和所承担的风险

提出按劳分配的原则之后,华为也对按资分配提出了原则,表明了按资分配的依据,是可持续性贡献、突出才能、品德和所承担的风险,如图 7-5 所示。

图 7-5　按资分配的依据

按资分配的依据为什么是这四个呢？想要搞明白这一点，企业经营者首先要明确按劳分配是一种短期的价值分配，而按资分配是长期的价值分配，也就是我们所说的股权分配。

在分配股权时，华为更看重员工的"可持续性贡献"，将这一点排在第一位，与按劳分配中的"贡献"相对应。之所以更看重员工的可持续贡献，是因为股权的长期激励性。任正非曾说："奖金有什么了不起，不就是发错了，即便发错了也只错一次。股票发错了，就是错几十年。"2011年任正非和华为高管在内部讨论饱和配股时还说道："股票给了，可能不好收回。如果你给错了人，就是损害了公司的竞争力。"

排在第二位的是"突出才能"，与按劳分配中的"能力"相对应，之所以在"才能"前加上"突出"两个字，也是为了让股权激励更加公平，让最优秀的人才获得股权。

排在第三位的是"品德"，与按劳分配中的"工作态度"

相对应。发放工资、奖金、津贴，只需要看员工短期的工作态度，而发放股权，则需要员工一直保持好的工作态度，这种长期的好态度可以被视为员工的品德。

排在第四位的是"所承担的风险"，与按劳分配中的"责任"相对应。员工要想获得股权分配，仅仅承担岗位责任是不够的，还要承担一些超出岗位职责范围的责任，也就是"风险"。这里的风险包括企业经营风险、个人投资风险和人生风险等。

向核心层和中坚层倾斜

除按劳分配和按资分配两种方式外，华为还强调股权分配要"向核心层和中坚层倾斜，股权结构要保持动态合理性"。

为什么要向核心层和中坚层倾斜呢？因为华为反对平均主义的价值分配。《华为基本法》价值分配章节的第十七条明确说明："我们实行员工持股制度。一方面，普惠认同华为的模范员工，结成公司与员工的利益与命运共同体。另一方面，不断地使最有责任心与才能的人进入公司的中坚层。"企业的核心层和中坚层不仅是华为股权的获得者，更是其他员工的榜样，只有将股权激励向他们倾斜，才能起到广泛激励员工的效果。

华为还提到"股权结构要保持动态合理性",这也是我提倡 TUP 动态股权的原因。华为从不相信一劳永逸,任何分配方式都需要不断调整、升级,适应华为当下的发展。因此,强调"动态合理性",不断调整股权分配额度,才能使华为的新生中坚层拥有更多股权,从而发展成为华为的核心层,让"核心层和中坚层"保持对华为的有效控制,而不是某些核心层或中坚层员工始终获得丰厚的股权收益。

在华为的价值分配方式中,我们可以发现,华为没有考虑员工的工作资历和工作年限,这意味着从前那些"躺在股权上睡觉"的人将不再出现,新的"核心层和中坚层"将不断稀释老资历员工的股权,让华为始终充满活力。

以上是华为确定 TUP 激励对象的方法及原则,企业经营者(特别是中小企业经营者)可以参考借鉴,但切记不要生搬硬套。企业不同,采用同样的方法、模型会产生不同的效果。下面,我根据这么多年对企业的 TUP 落地实践,再结合华为确定激励对象的价值分配思想,总结出适合企业直接运用的"定对象"方法:

- "三原则法";
- "二维法";
- "T 型结构法";
- "因地制宜法"。

7.3 "三原则法":价值+刚性+公平

企业经营者在确定 TUP 激励对象范围的时候,经常会出现两个问题:一是把 TUP 当成全民福利;二是只把 TUP 授予极少数高层管理者,使之变成了"贵族游戏"。前者属于滥赏行为,降低了 TUP 给激励对象带来的荣誉感;后者属于不公平行为,让对企业贡献很大的中层管理者和技术、业务骨干感到不公。基于此,企业经营者在确定 TUP 激励对象时需要遵循三个原则,如图 7-6 所示。

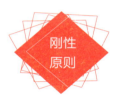

图 7-6 确定 TUP 激励对象的三原则

价值原则

"价值原则"是指企业经营者在确定 TUP 激励对象时,要坚持价值至上,谁创造的价值越多,谁的贡献越大,谁就越能获得 TUP。这里的"价值"是指激励对象对企业的价值,既包括过去的价值,又包括未来的价值,且后者所占比重更大。过去的价值是准入门槛,未来的价值是收益来源。

如何评估员工的价值呢？图 7-7 所示为员工价值评估公式。

图 7-7　员工价值评估公式

其中，业绩考评是指对员工做出的工作成果进行评估，以结果为导向，判断员工价值；岗位评估是对员工所处的岗位价值进行评估，企业中各个岗位创造的价值不同，企业经营者要给每个岗位的价值打分。岗位评估的常见方法是岗位排序法和岗位评估因素评分法，详见后面的两个工具。

将业绩考评结果与岗位评估结果相乘，企业经营者就能清晰地看到员工的价值，了解员工为企业创造的价值大小。

刚性原则

"刚性原则"是指企业经营者在确定 TUP 激励对象时，要设置一些刚性的、没有歧义的标准，达到这些标准的员工才能成为 TUP 激励对象。如果员工不能达到这些刚性标准，则直接失去了获得 TUP 的机会。

企业经营者需要遵循刚性原则的原因是如果没有刚性标准，员工就会基于自身利益创造"多重标准"。比如，有的企业确定 TUP 激励对象时要求员工"认同企业价值观"，这就是一个非刚性的条件。每位员工都有理由证明自己认同企业价值观，但都没有客观依据，企业经营者难以判断员工是否真的认同企业价值观，有可能形成双方各执一词、争论不休的局面。

员工不认同企业价值观，就无法与企业成为命运共同体，这样的员工不应该成为 TUP 激励对象。为了更好地确定激励对象，企业经营者可以把"认同企业价值观"这个非刚性条件转变为能够衡量的标准，比如"在本年度内做出 500 万元业绩""在企业工作 5 年（含）以上""职级达到 16 级"等。这些条件是刚性的，员工是否达成一目了然，不会出现多重标准。

公平原则

"公平原则"是指企业经营者在确定 TUP 激励对象时要公平公正。公平公正主要体现在以下两个方面。

第一个方面是对所有员工一视同仁，不厚此薄彼。有些企业经营者出于个人感情，会对员工区别对待。这种行为是不可取的，很容易使员工之间产生对立情绪，也不利于企业的持续发展。

第二个方面是不搞平均主义，让应该得到激励的员工得到激励，不应该得到激励的员工得不到激励。如果有的员工贡献突出，却和贡献一般的员工得到了同样的 TUP，这对贡献突出的员工来说是不公平的。这样一来，企业内部容易滋生偷懒风气，因为无论员工贡献多少，获得的激励是一样的。

以上就是企业经营者在确定 TUP 激励对象时需要遵循的三个原则。我曾辅导过一家科技型企业，就运用这三个原则确定了 TUP 激励对象。

这家科技型企业处于发展时期，企业资金大量投入到市场开拓中，现金流比较紧张，已经一年多没有给员工发奖金了，面临着人才流失的危机。为此，我帮助这家企业设计了 TUP 激励方案，面向全体员工推出。在确定 TUP 激励对象时，这家企业经营者遵循了价值、刚性和公平这三大原则，按照以下标准确定了激励对象：

- 通过计算得出价值大于80分的员工；
- 入职满1年的员工；
- 近1年内没有犯过重大过错的员工。

该企业经营者通过这三个标准，筛选出了企业的 TUP

激励对象。这一举措将企业的长期利益与员工的长期利益结合起来,将那些可能流失的人才留了下来,提升了企业凝聚力,形成了企业长期发展的核心动力。

7.4 "二维法":目的 + 标准

明确了应该遵循的原则后,企业经营者要想确定 TUP 激励对象到底应该采取什么样的方法呢?企业经营者可以从目的和标准两个维度来进行考量,我总结为"二维法"。

目的维度

"二维法"的第一个维度是目的维度,是指企业经营者要根据做 TUP 的目的确认 TUP 激励对象。企业经营者想要达成什么样的目的,就激励什么样的人。

比如有的企业经营者做 TUP 的主要目的是提升员工的积极性,提升企业业绩。因为这家企业的发展进入了瓶颈期,业务增长缓慢,员工积极性不高。这家企业的经营者确定 TUP 激励对象,就需要从能让企业业绩提升的员工里选,如企业核心高管和业务团队。

还有一家企业经营者到了退休年龄,希望找到职业经理人接管企业，解决企业传承问题，此时他的激励对象便是职业经理人和企业高管；还有的企业经营者的初心是回馈员工，让为企业奋斗的员工都能与企业共享利益，构建企业命运共同体，那么他的激励对象便是全体员工。

标准维度

"二维法"的第二个维度是标准维度，是指企业经营者在确定TUP激励对象时，要统一标准。根据华为确定TUP对象的标准及企业实践，大多数中小企业可以从四个方面确定TUP激励对象。

（一）职级

员工的职级能纵向反映员工的贡献程度、工作水平等问题，企业经营者可以根据员工的职级确定TUP激励对象。华为员工获得TUP的职级要求是13级及以上，因为13级是华为奋斗者的最低门槛。

每家企业对员工职级的划分不同，只需把握TUP激励对象的评定标准即可，表7-1为我们为某企业制定的职级与TUP评定标准对应表。

（二）工龄

员工的工龄能反映员工为企业服务的年限以及对企业

表 7-1 某企业职级与 TUP 评定标准对应表

TUP 动态等级	基本条件	评定标准
1~2 级	1. 能基本完成岗位说明书的工作 2. 具有长期为企业服务的意愿	1 级：具备本岗位工作所需的知识和技能并能基本完成本岗位工作任务（绩效考核 ≥ 70 分） 2 级：具备本岗位工作所需的知识和技能并能较好地完成本岗位工作任务（绩效考核 ≥ 80 分）
3~4 级	1. 能够独当一面，合格地完成岗位说明书的工作 2. 具有长期为企业服务的意愿	3 级：能独当一面，并能好地完成本岗位工作任务（绩效考核 ≥ 85 分） 4 级：能独当一面，并能出色地完成本岗位工作任务（绩效考核 ≥ 90 分）
5~6 级	1. 通过自己的技术专长或团队管理能力较好地完成岗位说明书的工作 2. 具有长期为企业服务的意愿	5 级：为他人提供一些专业支持或管理任务（绩效考核 ≥ 85 分） 6 级：在本岗位服务超过 5 年，个人或团队管理口碑好，较为出色地完成本岗位工作任务（绩效考核 ≥ 90 分）
7~8 级	1. 通过他人或团队管理能力优秀地完成工作目标，并且团队稳定 2. 具有长期为企业服务的意愿	7 级：为他人提供业务增长的机会，通过他人或团队管理能力较好地完成工作任务（绩效考核 ≥ 85 分） 8 级：为他人提供有效或创新的指导，通过他人或团队管理能出色地完成工作任务（绩效考核 ≥ 90 分）
9~10 级	1. 通过战略远见和全局观，为企业发展做出贡献 2. 具有长期为企业服务的意愿	9 级：具有系统全面的知识和技能，为企业的战略目标发展贡献达到 80% 10 级：可根据专业判断制定战略；为企业的战略目标发展贡献达到 95%

的忠诚度，企业经营者可以根据员工的工龄确定 TUP 激励对象。华为 2012 年版 TUP 要求非中国籍员工必须在华为工作满 2 年，2014 年版 TUP 要求改为员工入职满 1 年即可。

关于中小企业 TUP 激励对象的工龄特征，我有两方面的建议：一是进入企业 1 年以上最佳；二是不同工龄的激励对象获得 TUP 不同，比如工龄 1~2 年为一个档次；3~5 年一个档次；5~8 年一个档次。

许多企业经营者认为员工工龄越长越不需要激励，这是错误的观念。我在不少咨询项目中发现了一个问题：许多企业工龄在 5 年以上的老员工，因为稳定而失去了活力，在工作中不出错，但也不出力。对于这样的员工，企业应当利用 TUP 将他们重新激活。

（三）绩效

员工的绩效能反映员工的工作情况，企业经营者可以根据员工的绩效确定 TUP 激励对象。华为对员工获得 TUP 的绩效要求是绩效达到优秀，但并没有说明 KPI 考核结果达到什么标准才算优秀。华为在实施 TUP 时，默认员工的年度 KPI 考核结果要达到"B+"，才能进入激励对象范围。

同时，华为考察待激励对象的绩效时，主要考察的是员工上一年度的年度 KPI 考核结果，当年度和上一年度半年 KPI 考核结果参考价值不大。有时华为也查看员工近三年来的综合考核结果，根据绩效考核结果的平均水平决定是否授予员工 TUP。

需要注意的是，企业经营者在确定 TUP 激励对象时，需要综合考虑员工的职级、工龄和绩效，不能仅凭单一条件就确定激励对象。比如华为 13 级、14 级的员工，通常入职不到 3 年，需要拿到"A"级绩效才能获得 TUP；而 15 级及以上员工，通常入职时间在 3 年以上，绩效结果达到"B+"，就有机会获得 TUP。

中小企业在确定 TUP 激励对象的绩效特征时，可以运用工具"岗位评估排序法"和"岗位评估因素评分法"来确定 TUP 激励对象的绩效特征，企业可以拟定一个分数标准线，绩效得分高于该分数标准线的员工进入股权激励对象考虑范围，如图 7-8 所示。比如，当员工绩效得分大于等于 80 分时，可以进入股权激励对象范围。

（四）负向事件

企业经营者在确定 TUP 激励对象时，除了要综合考虑员工的职级、工龄和绩效，还要考虑员工是否有负向事件，列出负向事件标准清单。如果员工做了清单上的负向事件，触及企业的底线，那么即使员工的职级再高、工龄再长、绩效再优秀，也不能授予他们 TUP。比如有的员工

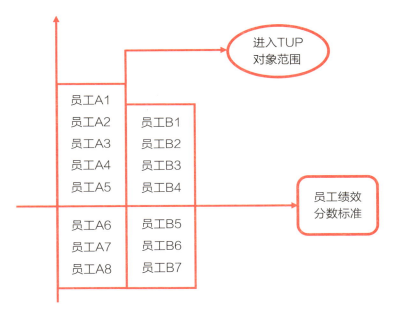

图 7-8　员工绩效分数评价标准模型

贪污腐败、私自售卖企业核心技术、泄露企业机密资料等，这些员工都不能成为 TUP 激励对象。

在华为，员工如果违反了《华为员工商业行为准则》上的条例，会影响 TUP 配股资格。比如，员工从事第二职业，则职级降一级，影响饱和配股资格一次，影响 TUP 资格一次，晋升冻结期 12 个月；员工利用职务不当获利的，影响饱和配股资格一次，影响 TUP 资格一次，当年无年度奖金，晋升冻结期 12 个月。如果员工违反《华为员工商业行为准则》后主动申报，华为会采取"主动申报从宽"

政策，只影响其一次配股资格。

企业经营者之所以要列出负向事件标准清单，是因为如果员工有道德问题，损害企业利益，会对企业造成非常严重的影响，企业应当对其进行惩处，在企业中树立典型。

以上四个标准仅为基础标准，企业经营者在确定激励对象时，不能只看这四个标准，也不能单一地看某一个标准，要综合考虑员工各方面的表现。华为在确定激励对象时，优先考虑奋斗者。采取大奋斗者多配股，小奋斗者少配股，不奋斗者不配股的方式。

7.5 "T型结构法"：不拘一格降人才

企业经营者确定TUP激励对象时，还可以采取"T型结构法"，从纵向和横向两个方向切入。

纵向：内部适当放宽

从纵向切入是指企业经营者可以适当扩大激励对象的范围，让企业内部更多员工获得动态股权激励。

优秀的动态股权激励一定不是少数人的"狂欢"，如果企业内部只有高管、核心技术人员或核心业务人员等少数几个人能获得,那么企业的股权激励相当于企业高层的"贵族游戏",其他员工会失去参与股权激励的热情和信心,无法达到大规模激励员工的效果。真正的股权激励是树立榜样,让企业内部更多员工看到分享果实的机会,从而激发员工拼搏的动力,实现股权激励的真正作用。

由此可见,企业经营者应该有"不拘一格降人才"的魄力,在企业内部适当扩大股权激励范围,让那些能为企业增长助力,或给企业带来长远利益的员工,都能获得股权激励,从而在企业中营造上下共建、利益共享、风险共担的氛围,促进每一位员工成长。

需要注意的是,我所说的放宽激励对象的范围,并不意味着实行全员"福利型"持股制,让所有员工都获得股权激励。原因有三个:一是让所有员工都获得股权激励,违反了"三原则"中的公平原则,对那些真正付出心血、做出贡献的优秀人才而言并不公平;二是当股权激励太容易获得时,员工就不再珍惜,股权激励沦为全员福利;三是价值不对等,实行全员持股制所需的成本与激励员工后创造的价值不对等,企业付出了大量人力、物力和财力后,无法达到想要的激励效果。因此,我建议企业经营者适当扩大激励对象的范围,但不用激励全体员工,做到将有限的股权分给最适合的人。正如华为一直提倡的——合理分配价值。

有一家企业因为对全员激励过于乐观,实行了全员激励计划后,很快走向覆灭。这家企业在实行全员激励计划之前,员工人数达 8000 人,是行业领军企业。企业经营者为了进一步激励员工,在企业大会上慷慨激昂地宣布:"我们将启动史无前例的全员激励计划,所有员工都将成为企业的价值创造者和利益共享者。只要在上一个绩效考核期内考核结果为 B 及以上的正式员工,对企业文化高度认可,在职期间无重大违纪行为的,均可获得股权。"员工欢呼雀跃,用尽力气为企业经营者鼓掌,企业经营者非常激动,认为大好未来就在眼前。

然而好景不长,宣布全员股权激励计划后不到 2 年,该企业的资金链就断裂了,所有员工的股权都被清零,高管集体离职,宏伟的全员股权激励计划最终惨淡收场。或许这家企业资金链断裂的主要原因不是实施了全员股权激励计划,但这一计划无疑加速了企业的覆灭。看似激励效果非凡的全员股权激励计划,实际上潜藏着诸多危机。

试想一下,涵盖各个业务线的 8000 名员工,真的都是对企业发展付出心血、做出贡献的人才吗?考核结果为 B 是以什么标准衡量的?员工拿到股权后不再继续奋斗怎么办?企业的现金流是否足够支撑其每年发放大额分红?过于宽泛的激励对象,使这家企业的全员激励沦为员工福利,一流的股权激励制度却做出了三流效果,大厦倾倒就在一瞬间。

由此可见，企业经营者在确定激励对象时，不能将范围设置得过于宽泛，请记住，股权激励不是全员福利，在仰望星空时也要脚踏实地，脱离现实的股权激励只会加速企业灭亡。

横向：外部打造更高层次的利益共同体，用 ATUP 吸收能量

从横向切入是指企业经营者可以跳出企业内部，将企业上下游企业也纳入激励范围，打造出一个更高层次的利益共同体。我把这种整合企业上下游的激励方式叫作 ATUP，即 Anyone Time Unit Plan，覆盖与企业相关联的每个人。

通常情况下，企业发展业务、开拓市场并不局限在企业内部，也会借助上下游企业的协同力量，共建产业链。企业如果纯粹依靠自身力量单打独斗，很难在激烈的市场竞争中突围，学"抱团取暖"，更要"抱团取胜"，与上下游企业一起发力，才能拥有所向披靡的发展势头和无所畏惧的抗风险能力。

企业与上下游企业本身就是利益相关方，一荣俱荣、一损俱损，通过激励上下游企业，企业能够将上下游企业深度绑定，使利益相关方升级成利益共同体，进一步增强企业实力。

我曾辅导过一家传统制造型企业的经营者，这家企业生产的产品本身没有竞争力，但这家企业经营者做了两件事，直接扭转了局势，使这家企业成为迅速占领市场的高端品牌。第一件事是这家企业的经营者通过塑造品牌故事，打造出一款尖刀产品，聚焦这款尖刀产品，该企业形成了差异化竞争优势；第二件事是该企业经营者对供应商和经销商实施股权激励，给数十家供应商、经销商企业配股，与供应商和经销商深度绑定，成为利益和命运共同体。

对供应商企业而言，当它们获得了该企业的股权后，就能共享该企业的利益。为了提高自身收入，它们愿意适当降低供应产品价格，并保证供应产品的品质，以获得更大、更长远的利益。

在市场上，经销商并不只售卖这一家企业的产品，还会售卖其他企业的产品。过去经销商企业售卖产品的逻辑是哪款产品的利润高、卖得好，就大力售卖哪款产品。当经销商企业分到这家企业的股份后，它们售卖这家企业的产品就比售卖其他企业的产品多出了一定的股份收入。对经销商而言，卖谁的产品都是卖，卖这家企业的产品能创造更多收益，于是这些经销商纷纷将这家企业的产品作为主推产品，主动向全国各地的卖场、超市等进行推销，成为这家企业的忠实拥护者和积极开拓者。在这些经销商的卖力销售下，这家企业迅速崭露头角，其产品销量飙升。

在这家企业因在外部实行股权激励而高速发展时，企业经营者也没有忘记企业内部员工。很快，企业经营者对企业内的十几名高管和一百多名技术骨干、业务骨干分配TUP，动态股权等待期为1年，行权条件为达到相应的业绩目标，分红期为三年，按照30%、30%、40%的比例获得分红，TUP有效期为4年。自TUP实施以来，所有配股员工都达成了业绩目标，获得了分红。

这家企业成功的秘诀是"财聚人聚，聚势共赢"，用TUP合并人才和智慧，通过向外部经销商和内部员工进行"T型"激励，多个利益相关方组合成为利益共同体，实现了利益共享，如图7-9所示。

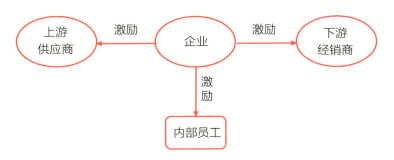

图7-9　企业的"T型"股权激励模型

无论是大型企业，还是中小型企业，都可以使用"T型结构法"确认股权激励对象。华为也采用股权激励的方式对上下游资源进行了整合，让关联企业之间的资源互补，形成杠杆效应，以整合力量撬动整个市场。需要注意的是，

"T型结构法"并不适合企业一直使用，企业要根据市场变化不断调整。

为了让企业经营者更加明确如何用"T型结构法"确定股权激励对象，我研究出"T型定对象模型"，供企业经营者参考，如图7-10所示。

```
┌──────────────┐  ┌──────────────┐  ┌──────────────┐
│   上游企业    │  │    本企业     │  │   下游企业    │
│ 战略资源提供方 │  │（含分公司、子公司）│  │              │
└──────────────┘  └──────────────┘  └──────────────┘
                  ┌──────────────┐
                  │ ★董事         │
                  │ ★高级管理人员  │
                  │ ★核心技术人员  │
                  │ ★核心业务人员  │
                  │ ★其他对企业业  │
                  │   绩和未来发展 │
                  │   有直接影响的 │
                  │   员工        │
                  └──────────────┘
```

图 7-10　T型定对象模型

7.6 "因地制宜法"：不同发展阶段定对象策略

不同发展阶段的企业对人才的需求有所区别。企业经营者在确定TUP激励对象时应该因"地"而变，让TUP与企业发展阶段的重心相匹配。以下是我总结出的不同企业发展阶段确定激励对象的策略，我将它总结为"因地制宜法"。

初创期：技术人才

初创期企业应该优先激励技术人才，尤其是掌握核心技术的领军人物、技术骨干。初创期企业刚刚起步，通常规模较小、资源较少，唯一能够与同行竞争的便是经营的敏捷性或服务的周到程度。此时，企业经营者需要对技术人才进行激励，用未来的钱激励技术人才，并从外界召集更多技术人才，打造出更有竞争力的产品或服务，帮助企业开拓市场，打赢生存战。

发展期：扩大范围

发展期企业应该扩大激励对象范围，将激励对象从技术人员扩大到管理、销售等人员。当企业迈入发展期，规模扩大、资源逐渐丰富起来，企业不再聚焦于生存战，而是期望迈上新的台阶。此时，企业经营者需要扩大激励对象的范围，比如对管理人员进行激励，促进管理人员重新调整企业组织架构、构建LTC（Lead to Cash，从线索到现金）流程、业务板块等；对销售人员进行激励，激励他们更快、更广地占领市场，赢得客户。

成熟期：高层管理人才 + 新技术研发人才

成熟期的企业应该将激励侧重点放在高层管理人才和新技术研发人才上。进入成熟期的企业并不多，这类企业抗风险能力较强，各方面发展已经迈入了新的高度。在这个阶段，企业面临着两个主要问题：一是如何构建更加完善的结构和更加健全、科学的制度，使企业内部各要素更加合理、顺畅；二是企业发展速度减缓，活力不足，企业需要在保证当前业务体量的同时，继续谋求新的发展，实现"二次增长"。为了解决这两个问题，企业经营者需要对企业高层管理人才和新技术研发人才进行激励，一方面完善企业的管理，让企业稳定发展；另一方面研发出新产品或服务，形成新的利润增长点。

衰退期："起死回生"的关键团队

衰退期企业应该将激励对象确定为能够帮助企业"起死回生"的关键团队。当企业进入衰退期时，企业的业务发展通常处于停滞状态，管理制度的弊端凸显，阻碍企业发展。此时，企业要想"起死回生"，要么更换赛道，重新上路；要么颠覆过去的管理制度，重新激发员工活力。在这两种选择中，企业都需要有魄力、有能力的领军团队，激励这些能让企业"起死回生"的关键团队，能让他们带领企业从头再来。比如能够研发出新产品或新服务、创造新的价值点的技术骨干，或是能够加速企业转型升级，为企业做出正确发展战略与规划的管理人才。

为了让企业经营者一目了然地确定企业各个发展阶段的激励对象，我将其总结成一张表，如表7-2所示。

表7-2 企业不同发展阶段定对象策略

不同阶段	激励对象
初创期	技术人才
发展期	扩大范围
成熟期	高层管理人才 + 新技术研发人才
衰退期	"起死回生"的关键团队

最后，我们总结一下：

- 企业经营者做TUP，应当确定一定的标准来筛选激励对象。

- 企业经营者做TUP时，需要遵循"价值""刚性"和"公平"三大原则。

- 企业经营者做TUP时，可以选择性采用"二维法""T型结构法"和"因地制宜法"，确定股权激励对象。

工具1　岗位排序法

岗位排序法是目前国内外广泛应用的一种岗位评价方法，这种方法是一种整体性的岗位评价方法。岗位排序法是根据一些特定的标准比如工作的复杂程度、对组织的奉献大小等对各个岗位的相对价值进行整体比较，继而将岗位按照相对价值的高低排列出次序的岗位评价方法。

岗位排序法的具体操作步骤如下：

成立岗位评价委员会

通常对岗位进行排序前需要对多个评价者的意见进行汇总整合。岗位评价委员会中通常有任职者的代表与管理者的代表。

对岗位评价委员会成员进行培训

对岗位评价委员会成员进行培训，以对排序的标准达成共识。

通常来说，需要事先明确评价的基本方向。比如，当一个岗位承担的责任更大、管理的幅度与范围更广泛、工作任务更加复杂、所需要的知识与技能更多、教育水平更高、工作经验更多等，该岗位得到的排序就应该更靠前。通常公司会从责任因素、知识技能因素、岗位性质因素（岗位的辛苦程度）、工作环境因素四方面进行评价。选择的因素不宜过多，只需选择最重要的因素。选择因素时要基于两点进行考虑，一是因素务必与工作有关，二是应选择有利于公司发展战略的因素。有关排序因素的选择可参考工具二——排序因素定义参考。

进行比较与排序

由岗位评价委员会成员参考因素定义对岗位进行排序。

排序时，首先在排序表中找出最重要的岗位，并在该岗位同一行第二列（初排序号栏）标明序号 1；然后再在该排序表中找出第二重要的岗位，并在该岗位同一行第二列（初排序号栏）标明序号 2；依此类推排出其他岗位的次序，如表 7–3 所示。

表 7-3　岗位排序表（管理系列岗位类别）

岗位类别名称	初排序号	调整后的序号
高管		
部长		
处长（研发）		
部长助理		
分厂厂长		
处长（综合管理）		
分厂副厂长		
主任科员		
科员（管理Ⅰ）		
科员（管理Ⅱ）		
科员（管理Ⅲ）		
科员（管理Ⅳ）		
科员（管理Ⅴ）		
科员（管理Ⅵ）		

评价人：

排序时每位岗位评价委员会成员手中备有：因素定义参考、岗位说明书、排序表。

进行检查

评价人各自检查排序的结果，对其中不合理的地方进行调整。然后在排序表"调整后的序号"栏写上经调整后的每个岗位对应的顺序号。

确定排序结果

统计工作人员根据评价委员会成员排序的结果（以各评委排序表中的"调整后的序号"为准）计算出最终排序结果。计算过程是将每位评价者对同一岗位评价序号相加后除以评价者人数得到每个岗位的最终得分，得分越少的岗位最终排序越靠前。

为消除由于岗位评价委员会成员个人对岗位了解不全面而造成对某一岗位结果打分过高或者过低的情况，在计算每个岗位得分时，将去掉最高得分（即最靠后的序号）与最低得分（即最靠前的序号）。

岗位评价最终排序结果报企业经营者审批通过。

工具2　排序因素定义参考

进行岗位排序时，我们可以参考的排序因素主要有责任因素、知识技能因素、岗位性质因素和工作环境因素，如表7-4所示。

表7-4　排序因素定义参考表

排序因素	内容
责任因素	1. 工作结果的责任：指对工作结果承担多大的责任。以工作结果对企业影响的大小为推断责任大小的基准
	2. 风险操纵的责任：指在不确定的条件下，为保证商务、投资、产品开发及其他项目顺利进行，并维持本企业合法权益所应担负的责任，该责任的大小以失败后缺失影响的大小为推断标准
	3. 成本操纵的责任：指在通常工作状态下，因工作疏忽而造成可能的成本、费用等额外缺失所应承担的责任
	4. 领导管理的责任：指在正常权力范围内所拥有的正式领导管理职责。其责任的大小根据所领导管理者的层次与数量进行推断
	5. 协调责任：指在正常工作中，与内部及外部单位协调共同开展业务活动所需要承担的责任。其协调责任的大小以协调结果对企业的影响程度为推断基准

（续）

排序因素	内容
知识技能因素	1. 知识多样性：指在顺利履行工作职责时，在学历学科知识之外需要使用多种学科、专业领域的知识。推断基准在于广博不在精深
	2. 工作复杂性：指在工作中履行职责的复杂程度。其推断基准根据所需的推断、分析、计划等水平而定
	3. 工作的灵活性：指工作需要处理正常程序化之外情况的灵活性。推断基准取决于工作职责要求
	4. 专业知识技能：指为顺利履行工作职责应具备的专业知识与技能
	5. 管理知识技能：指为了顺利完成工作目标，组织协调有关人员进行工作所需要的素养与能力。推断基准是：工作中进行组织协调的程度与组织协调工作的影响
	6. 沟通能力：指工作交流中表达自身信息与获取对方信息的能力。要考虑沟通的频度与难度
岗位性质因素	1. 工作压力：指工作本身给任职人员带来的压力。根据决策的迅速性、工作常规性、任务多样性、工作变动性与工作是否被经常打断来推断
	2. 脑力辛苦程度：指在工作时所需脑力辛苦程度的要求。根据集中精力的时间、频率进行推断
	3. 工作负荷：指工作中承担的工作负荷的大小。要考虑工作量大小、是否经常加班、工作繁忙程度
	4. 创新与开拓：指顺利进行工作所必需的创新与开拓精神或者能力的要求
工作环境因素	1. 危险性：指工作本身可能对任职者身体所造成的伤害
	2. 环境舒适性：指任职者对工作环境的心理或者生理感受

工具3　海氏评估法

针对岗位价值的评分方法，目前国际上使用最广泛的是海氏评估法。1951年，美国工资设计专家艾德华·海（Edward Hay）研究出这种评估方法。据统计，世界500强的企业中有1/3以上的企业在进行岗位评估时采用的都是海氏评估法。

海氏评估法通过知识技能水平、解决问题能力和职务责任三个方面对岗位的价值进行评估，请各部门负责人进行评分，最后将所得分值加以综合，算出各个岗位的相对价值，并最终确定岗位等级，如表7-5所示。

表7-5　海氏评估法评估因素表

因素	因素解释	子因素	子因素解释
知识技能水平	工作所需的专门知识和实际应用能力	专业理论知识	对该职务要求从事的职业领域的理论、实际方法与专门知识的理解
		管理技巧	为达到要求绩效水平而具备的计划、组织、执行、控制、评价的能力与技巧
		人际技能	该职务所需要的沟通、协调、激励、培训、关系处理等方面的技巧

（续）

因素	因素解释	子因素	子因素解释
解决问题能力	在工作中发现问题、分析诊断问题、提出对策、权衡与评估、做出决策	思维环境	制定环境对职务行使者的思维的限制程度是指任职者在什么样的思维环境中解决问题，是有明确的既定规则，还是只有一些抽象的规则
		思维难度	指解决问题时对当事者创造性思维的要求 任职者解决问题的难度：对于创造性的要求，是不需要创造性按照老规矩办事，还是需要解决没有先例可以依据的问题
职务责任	主要指任职者的行动对最终结果可能造成的影响	行动自由度	职务能在多大程度对其工作进行个人性指导与控制，是完全需要按照既定规范行动，还是需要解决没有先例可以依据的问题
		对结果的影响	对工作结果的影响是直接的还是间接的，影响范围大还是小
		财务责任	可能造成的经济性正负面影响 该子因素包括四个等级，即微小、略有、中等和巨大，每一级都有相应的金额下限，具体数额要视企业的具体情况而定

> 茶壶里的饺子，我们是不承认的。倒不出饺子，还占据一个茶壶就是高成本。
>
> ——华为

第 8 章

"定"考评：能来、能走、能上、能下

TUP "九定模型"的第四"定"是确定考评标准——"考"与"评"结合，"考"的是刚性指标完成情况，"评"的是弹性的"内部经营"和"学习与成长"过程的完成质量。

TUP 不是发福利，它是激励与考评相结合的，能够激发个体、激活组织的高效机制。不少企业经营者遭遇过这样的转变：企业中有的员工一直以来表现优异、绩效突出，也肯钻研、肯奋斗，为了激励与回馈他们，企业经营者进行了股权激励。然而企业经营者很快发现，这些员工好像变了一个人，他们不再刻苦钻研、奋斗，反而变得懒散、不思进取，甚至经常迟到、早退，上班时间开小差。企业经营者非常无奈，但由于发放股权前并没有对员工提出要

求，此时也没有正当的理由拿回股权。这就是没有确定考评标准的后果。

"定考评"是TUP中浓墨重彩的一笔，有"功"才能"行赏"，对考评标准的设置、执行及对考评结果的分析等，将直接影响TUP的合理性与激励性。企业经营者在确定TUP激励对象后，接下来要建立动态的TUP考评标准，做到"四能"，即能来、能走、能上、能下。本节将围绕以下两个问题展开：

- 确定TUP考评的底层逻辑是什么？
- 如何确定TUP的考评标准？

8.1 以结果为导向

华为TUP考评标准的底层逻辑源于华为的价值评价原则与导向。

价值评价是价值分配的前提，只有采用正确的价值评价，才能进行合理的价值分配。只有价值分配合理了，员工才会充满干劲，创造更大的价值。这就是价值评价原则与导向在华为价值链管理体系中的作用。华为价值链管理体系，包含三个部分的内容，如图8-1所示。

图 8-1 华为价值链管理体系的三大内容

华为的价值创造坚持"以客户为中心",全力为客户创造价值,成就客户。华为认为,只有为客户创造价值,客户才会购买企业的产品或服务,员工做出业绩,企业才能从中获得利润,才有钱可分。因此,做出业绩、做出成果是华为分钱的重要前提。

华为分钱时根据"以责任结果为导向"的原则,建立了一个相对客观公正的评价体系,这个评价体系可以简单理解为什么样的员工(任职资格)在什么样的职位(职位评估)创造出了什么样的业绩(绩效管理)。

在这个评价体系之下,我们可以清晰地理解华为"以奋斗者为本"的价值分配原则,只有以奋斗者为本,才会涌现出更多奋斗者;这些奋斗者进行价值创造,华为才能实现持续的价值创造。华为的价值链管理体系,由此形成了一个正向循环,确保了华为源源不断地创造价值——评价价值——分配价值——创造价值。通过实行TUP,华为在以变革为核心的价值定位、以客户为中心的价值创造中保证"力出一孔",在以责任结果为导向的价值评价和以奋斗者为本的价值分配中又确保了"利出一孔","利出一孔"保障了"力出一孔","力出一孔"又促进了"利出一孔",从而形成了一条活力价值链。如图 8-2 所示。

那么,华为是如何建立评价体系的呢?

基于华为"以结果为导向"的价值评价原则,华为评价员工价值有三个标准,一是企业经营的总目标;二是组织绩效目标;三是员工个人指标。

华为评价员工价值的第一个标准是企业经营的总目标,这是企业评价价值的决定性标准。员工的所有工作,都应该为达成企业经营总目标而努力,将企业经营总目标战略拆解到每个组织,再由每个组织分解到每个员工,意味着每个员工都要完成自身需要承担的那部分目标,否则价值分配无从谈起。这就好比员工甲和员工乙共同完成一项工作,各自负责一半,如果谁的那一半没有完成,就意味着谁没有创造相应的价值,自然就没有价值分配。在达成目标时存在一定的偶然性,华为承认这种偶然性,愿意给员工证明自己的机会,但并不接受这种偶然性每次都出现在同一个员工身上。

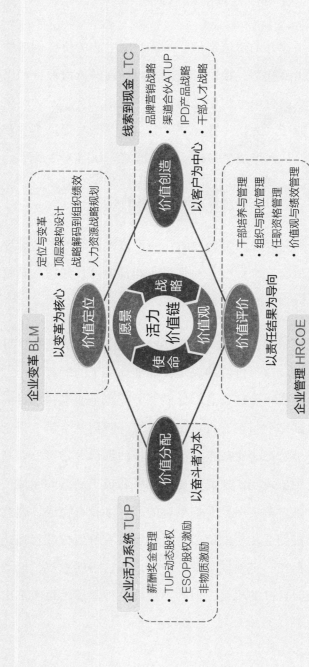

图 8-2 活力价值链管理体系

华为评价员工价值的第二个标准是组织绩效目标。企业中的每个组织都有各自的绩效目标。普通员工不会直接完成企业经营总目标，而是完成每个组织的绩效目标。

华为评价员工价值的第三个标准是员工的个人指标。员工甲和员工乙共同完成一项工作，各自负责一半，双方都完成了，但员工甲的工作更难做，说明员工甲的能力可能更强，华为就会在考察干部时将员工甲作为重点考察对象。这种考察必须在达成目标的基础上进行，如果没有达成目标，也就不必考评员工的关键行为。结果是业绩项，是价值分配的依据；关键行为是能力项，是机会分配的依据。没有过程的结果是运气，没有结果的过程是徒劳。

除此之外，员工的学历、工龄、工作态度、工作经历等，都不是华为价值分配的标准，比如学历高，只能证明员工有达成目标的潜力；工作态度好，只能证明员工有达成目标的意愿；工龄长，只能证明员工过去为企业服务的年限长……但这些都不能作为考评员工价值的核心标准，正如任正非所说——"茶壶里的饺子，我们是不承认的。倒不出饺子，还占据一个茶壶就是高成本。"

总而言之,评价价值只以责任结果产出为最终的标准,其他标准只能作为参考,不具有决定性意义。

对于华为的价值评价准则,企业经营者要如何运用呢?换句话说,企业经营者在确定 TUP 的考评标准时,有哪些原则或方法呢?在借鉴华为的价值评价基础上,结合其他企业的实践,我总结出企业经营者定 TUP 考评标准的"二定三免",即"两个设定"和"三个避免"。

8.2 设定业绩考评目标

企业经营者在确定 TUP 考评标准时,要进行"两个设定",即设定业绩考评目标和业绩考评标准。

"两个设定"中的第一个设定是设定业绩考评目标。上文我们提到要避免目标博弈,而业绩考评目标的设定,是企业经营者定 TUP 考评标准的关键点和核心。

企业经营者设定业绩考评目标时,可以参考 SMART 原则,使业绩考评目标做到"具体""可衡量""可实现""相关性""有时限",如表 8-1 所示。

表 8-1 设定业绩考评目标的 SMART 原则

S (Specific)	M (Measurable)	A (Attainable)	R (Relevant)	T (Time-bound)
具体	可衡量	可实现	相关性	有时限
业绩考评需切中特定的工作目标,不能笼统	业绩考评的项目可以通过具体的数据或者行为进行明确	业绩目标通过员工的行为是可以实现的,避免设置得过高或者过低	设定的业绩目标与其他目标是相关联的;单个员工的业绩目标是与其本职工作相关联的	注重完成业绩目标的特定期限

企业经营者设定业绩考评目标要从三个维度出发，一是企业层面；二是组织层面；三是个人层面。下面我们通过一个案例来了解企业经营者如何确定 TUP 业绩考评目标。

某企业经营者在内部实行了 TUP，并明确说明了 TUP 的考评标准，具体如下。

企业层面业绩考评目标

在企业层面制定业绩考评目标，需要从两个层面出发。

第一个层面是行业业绩增长率。企业经营者在设定业绩考评目标时，可以参考行业业绩增长率，比如行业业绩增长率的平均数为 5%，那么企业经营者制定企业业绩考评目标时，要尽量向这个数值看齐。

第二个层面是企业过往业绩增长率。企业经营者在设定业绩考评目标时，要参考企业过往业绩增长率。比如，前一年企业业绩增长率为 5%，那么在制定今年业绩考评目标时，要尽量高于这个数值，使每年的业绩目标都有所提升。如果有特殊情况，那么业绩考评目标至少要达到上一年的 80%。

组织层面业绩考评目标

在组织层面制定业绩考评目标，企业经营者要考虑组织能力。如果组织能力强，那么业绩考评目标可以制定得更高；如果组织能力弱，那么业绩考评目标可以相应降低。总的来说，企业每年的人均效率应该逐步增长，业绩目标也应随之逐步增长。如果本年的业绩目标定得比前一年低，说明企业在退步。

个人层面业绩考评目标

在 TUP 中，对个人业绩考评目标应当设定不同的等级，不同等级对应着不同的可行权或解锁比例。可以参照"业绩优异者多拿、业绩劣后者少拿、业绩未达标者不拿"的原则，以保证 TUP 的公平性。我建议给个人层面业绩考评目标设定 4 个档次，不同的考评结果对应相应的解锁比例，如表 8-2 所示。

表 8-2 个人层面业绩考评目标设定档次

个人业绩目标设定	TUP 份额系数
完成任务 100% 以上	TUP 份额系数 1.2
完成任务 90%~100%	TUP 份额系数 1.0
完成任务 80%~90%	TUP 份额系数 0.8
完成任务 80% 以下	TUP 份额全部收回

8.3　设定业绩考评标准

"两个设定"中的第二个设定是设定业绩考评标准。企业经营者要想业绩考评要求明确具体,光有业绩目标还不够,还要确定对激励对象进行考评的业绩标准。

业绩考评目标仅仅明确了业绩考评的方向,而业绩考评标准则规定了企业达成目标需要达到什么样的水平,业绩考评标准通常以数值的形式呈现。比如,某企业经营者将 TUP 考评标准定为"2023 年营业收入达到 3000 万元",其中,"2023 年营业收入"就是业绩考评目标,"3000 万元"就是业绩考评标准。

企业经营者在设定业绩考评标准时,可以从以下三个维度出发。

上不封顶

"上不封顶"是指企业经营者在设定业绩考评标准时,不用对 TUP 设置最高激励限制,即不设置业绩上限。

之所以不设置业绩上限,主要有两个原因:一是可以最大限度地激发员工的积极性，使员工尽可能多地创造价值，提升企业业绩；二是能够彰显企业与员工之间利益共同体的关系，如果设置企业业绩上限，那么员工可能认为企业不能完全与他们共享利益，因而对企业有所保留。

下有底线

明确业绩下限是指企业经营者在设定业绩考评标准时，需要设置员工拿到 TUP 的最低业绩指标。

TUP 是一种中长期激励工具，如果企业经营者不设置业绩下限，那么企业发放 TUP、员工获得 TUP 就没有限制条件，员工就无法被激励。企业经营者在设置业绩下限时，需要秉承严谨、科学、合理的原则，将业绩下限设置为合理数值，如果业绩下限过高，绝大部分员工都无法达成，那么员工的积极性就会被打击，认为企业经营者实施 TUP 是在"画饼"；如果业绩下限太低，员工不需要努力就能达成，那么 TUP 也失去了激励性，不仅不会促使员工成长、进步，而且企业还要为此付出高昂成本，得不偿失。

追求增长

在"定周期"中我们提到，TUP 的周期通常为 3~5 年，企业经营者需要在这个周期内，让业绩考评标准逐年合理递增。企业要想发展，业绩需要逐步增长，将 TUP 的业绩考评标准固化不是一个明智之举，这会让员工止步不前，企业原地踏步，很快被竞争对手赶超，被市场淘汰。

那么，企业经营者将业绩考评标准逐年提升时，怎样做才能让增幅合理呢？我认为每年的业绩标准都应该是员工"跳一跳，够得到"的，既不与现实脱节，也能够激励员工。在设定业绩标准时，企业经营者应当充分听取各部门管理层的意见，设定科学、合理的业绩标准，并对员工做出相应说明，让员工理解。

当我们梳理出以上的内容后，企业经营者可能还会问这样一个问题：TUP 考评是否可以代替对员工的绩效考评呢？答案是否定的。TUP 作为一种激励工具，是为企业长期发展服务的，但在谋求长期利益时，企业经营者更需要兼顾当下利益。因此，TUP 只能作为一种补充机制存在，不能代替日常的绩效考评。

8.4 三个避免

企业经营者定 TUP 考评标准时要遵循"三个避免"原则。

避免混淆结果和过程

企业经营者定 TUP 考评标准,首先应该避免混淆结果和过程。企业经营者在定 TUP 考评标准时,混淆结果和过程通常表现在两个方面,一个方面是看重过程,忽视结果;另一个方面是设置考评指标出现了偏差,考评的是过程指标而不是结果指标。

(一)看重过程,忽视结果

很多企业经营者认为员工"没有功劳也有苦劳",考虑员工在工作过程中付出的努力,为员工没有拿到结果找借口,比如员工没有取得结果的原因是市场环境不好。而在华为,对没有拿到结果、考评不达标的员工,华为不仅不会授予 TUP,还会对其实行降职、免职甚至辞退处理。因为在市场竞争激烈的当下,客户不会看过程,市场不会看过程,如果企业经营者只看过程,会让企业走进死胡同。

当企业经营者看重过程，忽视结果时，哪怕已经制定了完善的考评标准，也难以按照考评标准去考评，因为企业经营者总是会"心软"。这样一来，员工会陷入"假性努力"中。在深入企业辅导时，我经常看到有些企业的员工在"假性努力"，他们看起来工作非常认真，常常加班到深夜，但没有取得成果，深入探查才知道，这些员工都是在"混"加班工资，加班时根本没有专心工作，而是在聊天、上网。

（二）考评过程指标而不是结果指标

企业经营层经常会在无意中犯这类错误。举个例子，有些企业设立了客户服务部，给客户服务部设立的考评指标是处理客户投诉、接听客户来电、调查客户满意度等，这些都是过程指标而非结果指标，因为客户服务部也需要创造价值，即通过服务客户，提升客户满意度，最终提升客户回购率。因此，客户服务部的考评指标应当是提升一定比例的客户回购率，而不仅仅是为客户提供售后服务。

因此，在定 TUP 考评标准时，企业经营者要分清结果和过程，有产出、有结果、绩效达标，员工才算为企业创造了价值，才能获得 TUP；其次要追根溯源，考评结果指标而不是过程指标，衡量员工创造的真正价值。

避免先发放收益，再创造价值

企业经营者定 TUP 考评标准的第二个"避免"是避免先发放收益，再创造价值。

许多企业经营者在定 TUP 考评标准时，会无意识地将预期目标当成已完成目标，超前授予员工 TUP 并发放 TUP 收益。比如，我曾辅导过一家传统制造型企业的经营者，这位企业经营者长期将员工签订的订单数量作为 TUP 考评标准，但这家企业的产品交付周期长达四五年，且只有订单交付后才会获得尾款。如果企业经营者根据员工签订的订单数量来定 TUP 考评标准，很有可能产生以下三个"副作用"：一是员工当下获得了很多分红，TUP 对他们来说不具有绑定作用，他们可以随时离开企业；二是员工获得了很多分红，便不再关心后续的产品交付问题，工作只完成了一半；三是客户中途终止合同，企业得不到尾款，却已经将分红支付给员工。

创造价值在先，评价价值在后，这是基本的管理常识。企业经营者可以先发放 TUP，但不能在创造价值前就发放 TUP 收益，这是违背常识的。

避免考评标准博弈

企业经营者定TUP考评标准的第三个"避免"是避免考评标准博弈。考评标准博弈是指企业经营者与被考评员工对考评标准产生分歧，进行博弈的情况。企业经营者在定考评标准时，要先与员工达成共识，避免出现博弈的情况。

我曾见过许多企业经营者在考评标准制定会上与员工剑拔弩张、反复博弈，甚至出现一方当众拍桌，另一方愤然离场的现象。被考评员工想更轻松地获得TUP，给出各种理由让企业经营者调低考评标准。在这种时候，企业经营者不能妥协，因为降低考评标准，看似压力减小，但企业的负担有增无减，员工的成长诉求有增无减，外部的竞争压力有增无减，对企业来说无疑是饮鸩止渴，有害无益。

同时，企业经营者在制定考评标准时，要尽量以具体数值的形式确定考评标准，而不是以完成率作为考评标准的形式，比如将考评标准定为完成100万元业绩，而不是提高20%业绩，更容易避免博弈，减少了被考评员工钻空子的机会。

最后，我们总结一下：

- TUP考评的底层逻辑是"以结果为导向"的原则。

- 企业经营者以结果为导向，坚持"两个设定""三个维度"和"三个避免"，企业就能在实施TUP时，做到能来、能去、能上、能下，灵活运用TUP。

工具1　KPI考评法

KPI考评法是指对员工工作中最能代表工作绩效的关键指标进行考评。KPI考评法的底层逻辑是"二八法则"，是指仅有约20%的变量操纵着80%的结果。在企业价值创造的过程中，也存在着二八法则，即20%的骨干员工给企业创造80%的价值；在员工达成绩效的过程中，80%的工作任务由20%的关键行为完成。

因此，KPI考评法的核心要领就是抓住20%的关键行为对员工进行分析和衡量，以此判断员工工作是否达标。KPI考评法的步骤及主要任务如表8-3所示。

KPI考评法被许多企业广泛使用，也常被用于制定股权激励考评标准，它可以将业绩考评量化，使业绩考评更加方便。但通常KPI考评法只能评估短期价值，难以评估长期价值，且使用时容易出现偏差，因过于以结果为导向而被员工抵制。

表 8-3　KPI 考评法

步骤	主要任务
确定业务重点	明确企业的战略价值，在企业会议上利用"头脑风暴法"和"鱼骨分析法"找出企业的业务重点，再用"头脑风暴法"找出这些关键业务领域的关键业绩指标，即企业级 KPI
分解出部门级 KPI	各部门的主管需要依据企业级 KPI 建立部门 KPI，并对相应部门的 KPI 进行分解，确定相关的要素目标，分析绩效驱动因素（技术、组织、人），评价指标体系
分解出个人的 KPI	各部门人员再对 KPI 进一步细分，分解出更细的 KPI 及各职位的业绩衡量指标。这些业绩衡量指标就是员工考评的要素和依据。这种 KPI 体系的建立和测评的过程，就是全体员工朝着企业战略目标努力的过程，也必将对各部门管理者的绩效管理工作起到很大的促进作用
设定评价标准	指标指的是从哪些方面衡量或评价工作，解决"评价什么"的问题，而标准指的是各个指标分别应该达到什么样的水平，解决"被评价对象怎么做、做多少"的问题
审核关键绩效指标	跟踪这些关键绩效指标是否可以操作，确保这些关键绩效指标能够全面、客观地反映被评价对象的绩效，且易于操作

工具2　关键事件考评法

关键事件考评法是指在一定的周期内，企业经营者或管理者将员工日常工作中的关键事件记录下来，据此对员工进行考评。记录关键事件时，企业经营者或管理者不仅要记录员工做得特别好的事，也要记录员工做得特别不好的事，其操作流程如图 8-3 所示。

关键事件考评法能够将考评的焦点集中于员工的过程贡献，能够很快确定员工是否能胜任工作，是否做出了贡献。但在实际操作过程中，需要耗费大量时间搜集关键事件，且如何定义关键事件并没有特定标准，易受主观因素的影响，操作难度大。

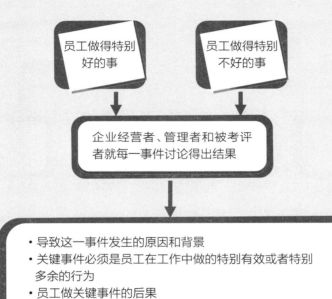

图 8-3 关键事件考评法操作流程

> 创造价值才有价值分配。
>
> ——作者的体悟

"定"来源:来自所有员工的共同奋斗

TUP"九定模型"的第五"定"是确定资金来源——企业分给员工 TUP 的钱从哪里来?

在前面第 4 章的"什么是 TUP"的内容中我分享过,TUP 属于分红股,它并不是真正的股权,只是具有股权的属性。TUP 是基于员工绩效的利润分享和激励计划,员工是凭借优秀的绩效获得 TUP,而不是自己掏钱购买 TUP。TUP 的收益属于员工劳动所得,在税务方面,TUP 也是按照工资薪金所得来纳税。所以,TUP 的资金主要源于企业的利润。企业的利润来自哪里?企业的利润来自所有员工的共同奋斗。

按照这个逻辑，企业要想有充裕的 TUP 资金来源，首先要激发员工创造更多的利润，然后把利润以 TUP 的形式分给员工。这时通常会出现两个问题：

- 对于创业企业或暂时还没有利润的企业来说，要如何解决 TUP 的资金来源问题？
- 对于大企业或有利润增长的企业来说，要如何解决因"越易得到越不珍惜"而形成的"分红低——TUP激励效果差——利润低"的恶性循环？

9.1 知识资本化

任何大企业都是从小做大的。在华为的初创阶段，企业也处于没钱的状态，任正非也曾面临过股权激励没有资金的问题。我们来看看当时的任正非是如何解决这一问题的。

在《以奋斗者为本》中，记录了任正非的这段话："公司下一步发展离不开资金积累。在资金来源上，有两种可能性。第一种是开放资本市场，让公司以外的人来购买公司股权；第二种就是扩大生产，增加利润，自我积累。"但任正非并没有选择这两种方式，而是说"应在二者之间寻求平衡点",也就是既不依赖外部资本,也不等待华为积累利润。最终,他选择通过知识资本化的方式,把员工的知识和知识成果转化为资本,让员工先出力,先创造价值再进行价值分配。

我们常说"知识是无价的",但在价值分配上,华为认为知识是"有价"的。员工通过知识创造价值,以自己创造的价值为资本,获得华为赋予的 TUP。在这个过程中,华为就像开船的船长,负责指挥方向,确定清晰的战略目标,保证方向大致不出错;员工则负责运用自己所学的知识,让船开得更快、更平稳。

在知识资本化下,员工不仅分享利润,也承担风险,责任感更强。这样企业不仅打造了利益共同体,还构建了命运共同体。这对广大中小企业具有极大的借鉴意义——中小企业在没有足够资金做 TUP 的情况下,可以通过将员工的知识转化为资本的方式,创造资金来源。

9.2 越易得到越不珍惜

实践证明,越易得到的东西越不被珍惜,即使这个东西非常珍贵。TUP 也会出现这样的情况。TUP 是一种分红股，员工不需要掏钱购买，这会让员工对企业股权价值产生误解，认为企业的股权不值钱。一旦企业经营遇到一些问题，或员工对工作产生倦怠等情绪，或外部有更丰厚的利益诱惑时，员工可能选择离职。这样，企业便不能将员工与企业绑定在一起，达到利出一孔、力出一孔的激励目的。长此以往，企业的利润会受到影响，TUP的资金来源就会出现问题，相应地，企业给予员工的TUP分红就会减少，就会形成"分红低——TUP激励效果差——利润低"的恶性循环。此时，企业经营者要如何解决这一问题呢？

我先给大家分享华为的做法。

华为一方面通过股权激励的方式让员工获得高回报，另一方面却在控制持股员工的合理回报率。华为为什么要控制员工的合理回报率呢？

持股员工太有钱了就不想奋斗

如果持股员工太有钱了，那么他就不再愿意奋斗。这是人性使然，当企业员工太有钱时，即使不工作他们也能活得很好，他们就会去享受生活，不再积极投身于工作，满足于小富即安的状态。对此，任正非表示："我们未来在这方面的投资还会增加，解决超额利润分配的问题。我们不会分给员工，员工变得懒懒散散的，就跑不动了；也不能分给股东，股东太有钱，太重视资本利益，这是不行的。我们要把钱更多放到前端投入中去。"

利润过高，要么伤害了客户，要么伤害了未来

当企业产品或服务利润过高时，要么伤害了客户，要么伤害了未来。企业想要长久稳定地发展下去，追求一时的高利润是不可取的。价值决定价格，企业将产品或服务价格定得过高，超出其本身的价值，客户可能会买单一次，但不会永远买单，长此以往，企业的发展前景会被严重破坏。2009年和2010年华为持股员工的投资回报率和分红非常高，意识到这个问题后，华为马上加大了研发投入，以确保在利润低的年份，持股员工还能获得分红。

因此，在利润较高时，企业要加大对未来的投资，将资金投入研发，投入管理变革中，持续提升产品或服务的价值，提升组织能力，这样才能保证企业长期稳健发展，持股员工长期获得收益，而不是短期获得过高收益。

控制好持股员工的合理预期

"升米恩，斗米仇"，企业股权分红太高，会把持股员工的"胃口"撑大，一旦后续年份分红达不到过往水平或员工预期，原本的股权激励便会变成反向激励，员工不仅不会被激励，还会埋怨企业，心怀不满。

2011年华为的利润大幅降低，是华为有意为之。因为2008年、2009年受全球金融危机影响，华为减少了研发投入，所以2010年华为的利润很高，每股达到了2.98元。到2011年时，华为多给研发投入了9.5亿美元，还招进了2.8万人，目的就是将利润控制在合理范围内。2011年华为每股只有1.46元，比2010年的每股2.98元低了很多，很多持股员工及其家属有意见。这件事进一步证实了华为的想法，因此2012—2021年，华为一直将股权收益率维持在34.88%左右，使得员工有股权收益，但不会过高。

看到这里，很多企业经营者可能又会质疑："要如何控制？难道还有企业不愿意让利润增长吗？"

事实上，华为说的"控制利润"并不是故意做一些动作让企业的利润只有34.88%，而是把剩下的利润用在研发上,华为每年会在研发上投入 150 亿~200 亿美元经费。华为有一项规定,每年扣除固定支出后的净利润,80% 用于奋斗者激励,其中一部分作为 TUP 股权激励,20% 用于研发。

把 20% 的净利润用于研发,不仅控制了企业的利润,还能让企业实现可持续发展。只有企业持续发展,才能给持股员工带来持续回报。这样就把因"越易得到越不珍惜"而形成的"分红低——TUP 激励效果低——利润低"的恶性循环,变成了用"控制员工的合理回报率"形成"研发创新——企业可持续发展——分红高——TUP 激励效果好——企业利润增长"的正向循环。

越易得到越不珍惜,是人性中的"虱子"。对大企业或有利润增长的企业来说,要解决因"越易得到越不珍惜"而形成的"分红低——TUP 激励效果低——利润低"的恶性循环,可以参考华为的做法,控制持股员工的合理回报率,剩下的利润经费可用于企业创新或人才发展。

最后,我们总结一下:

- **企业可以通过让员工投入资本的方式解决TUP的资金来源问题,具体方法包括用年终奖和分红抵**

扣、商业银行统一贷款、员工互助借款、员工自行贷款、保留购股资格等。

- 企业可以通过控制持股员工的合理回报率，将利润投入研发创新，以实现企业可持续发展，员工持续分红，增强TUP激励效果，促进企业利润增长，摆脱恶性循环。

> 有哪个机制可以构建"既合作,又竞争"的组织呢?唯有 TUP 动态股权激励。
>
> ——作者的体悟

第 10 章

"定"份数:用激励份数来科学、动态调节

TUP "九定模型"的第六"定"是确定 TUP 激励数量——企业经营者要拿多少比例用于员工的 TUP 激励?要给每个激励对象多少 TUP 份数?

关于这个问题,经常有两种现象。第一种现象是有的企业经营者认为不用特意确定拿出多少钱做 TUP,因为自己已经给员工付了工资、发了奖金,做 TUP 只需要"意思一下",随便给一点即可;第二种现象是有的企业经营者认为应该多给钱,给的 TUP 份数越多,激励效果就越好。

第一种现象主要源于企业经营者的认知问题。要解决这个问题,企业经营者首先要问自己:"是想钓小鱼,

还是心系天下？"如果企业经营者做 TUP 只是为了适当激励员工，让员工创造更多的价值，让企业有利润，那么企业经营者是在用 TUP "钓小鱼"；如果企业经营者做 TUP 是为了"利出一孔，力出一孔"，打造命运共同体，那么企业经营者是在用 TUP "心系天下"。给员工多少 TUP，取决于企业经营者是想"钓小鱼"还是"心系天下"。

第二种现象主要源于企业经营者喜欢用钱解决问题。不得不说，大多数时候这一招是可行的。但在 TUP 激励上，却行不通。因为人的欲望是很难被满足的。企业今年给员工 10 万元，明年员工可能想要 15 万元，后年可能想要 20 万元。我也见过一些企业经营者非常舍得分钱，给员工的薪资、奖金和股权都很高，但企业的整体业绩不太好，经常亏损。为什么？原因是员工已经养成了不做事拿高工资、高分红的习惯，是企业经营者养成了员工的惰性。

关于 TUP 的数量，有以下两大痛点：

- 钱给少了，没有激励效果，员工依然没有工作激情；
- 钱给多了，会助长员工的惰性，让团队毫无战斗力。

确定 TUP 数量是一个科学问题，不是靠企业经营者的情怀和"菩萨心"解决的。确定 TUP 数量主要包括"两定"：一是确定 TUP 的总量；二是确定单个激励对象所得的 TUP 数量。

10.1　定总量：多分而不乱分

"总量"是指企业经营者在实施此次 TUP 时拿出来进行激励的股权总量。在实践时，大部分企业经营者会将企业股权总量的 10%~30% 拿出来做 TUP，但这并不意味着 30% 是 TUP 总量的上限。企业经营者在确定 TUP 总量时，我认为应当尽量多分但不要乱分。

华为将 99% 的股份都分给了员工，任正非自己只留了不到 1%，2020 年，在华为内部，任正非个人的持股比例从 0.94% 降至 0.88%，而华为员工（华为控股工委会）持股比例则从 99.06% 上升到了 99.12%；2021 年，华为处于困难时期，全面销售收入同比下降 29%，但员工分红却只下降了 15%，任正非的持股比例进一步降低至 0.75%。

TUP 作为华为股权激励中的重要组成部分，与每年华为净利润的数额息息相关。表 10-1 所示为华为历年 TUP 费用与净利润表。

表 10-1 华为历年 TUP 费用与净利润表

年份	2014	2015	2016	2017	2018	2019	2020	2021
TUP 费用（亿元）	9.63	89.23	130.76	171.55	169.06	140.48	95.50	65.44
净利润（亿元）	278.66	369.10	370.52	474.55	593.45	626.56	646.49	1137
占比（%）	3.46	24.18	35.29	36.15	28.49	22.42	12.87	5.75

数据来源：根据华为 2014—2021 年年报数据整理。

从上表可以看出，华为 TUP 费用占净利润的比重呈先上升后下降的趋势，原因是从 2017 年开始，华为许多持有 TUP 即将到期的员工，将 TUP 转化成虚拟受限股；自 2019 年以来，华为进入危机状态，TUP 因为不具有融资功能，也不利于长期留住员工，因而数量大幅下降。

虽然企业经营者可能受很多方面的制约，不能像任正非一样把企业 99% 的股份拿出来做 TUP，但在定 TUP 总量时，有两个方法可以借鉴。

一是以企业总体薪酬水平为基数来确定 TUP 总量。计算公式如图 10-1 所示。

图 10-1　TUP 总量计算公式

其中，总体薪酬水平是指企业年度总薪金支出，系数是企业依据竞争对手企业相关信息、过往 TUP 总量占总体薪酬水平的比例等信息确定的。比如，华为 2021 年薪酬总支出为 1645.38 亿元，TUP 总量为 65.44 亿元，TUP 总量占薪酬总支出的比例为 3.9%，在发展态势稳定的情况下，华为以 3.9% 为系数，得出后续年份的 TUP 总量。

二是以企业业绩来确定 TUP 总量。企业经营者可以对企业的整体业绩目标进行分档，企业所有员工在规定期限内达成哪个目标，则企业以哪个业绩目标为基础确定 TUP 总量，再根据激励对象达成业绩目标的比例计算激励对象的 TUP 数量。企业经营者在使用这种方法确定企业 TUP 总量时，需要注意整体业绩目标分档的合理性，否则可能会令员工感到不满。

10.2 定个量：既激励又约束

"个量"是企业经营者在实施本次 TUP 时分配到员工个人身上的 TUP 激励数量。TUP 个量并不是相同的，比如员工 A 在一个 TUP 周期内获得了 1% 的股权，员工 B 获得了 0.8% 的股权。那么，企业经营者如何确定员工 A 拿 1%，员工 B 拿 0.8% 呢？其中的底层逻辑是如何进行价值分配，是设计 TUP 激励方案中的关键环节。

华为对每个员工配置多少 TUP 并没有准确的计算公式，而是由部门主管直接决定。部门主管在确定持股员工的股份数量时，通常会综合考虑员工的职级、工龄、绩效等情况。一般来说，华为13~14级员工刚开始只能配1万~2万份TUP，比如2017年华为14级员工获得TUP的上限是1.8万份。

企业经营者在定个量时，需要着重考虑TUP数量的激励力度和约束力度。激励力度与约束力度往往成正比，激励力度越大，约束力度也就越大。员工通常会对TUP数量产生七种层次的反应：没有不满意、满意、比较满意、超出期望、出乎预料、激动、震惊。如果企业经营者在定个量时，会让员工感到"没有不满意"，那么说明激励力度不够，约束力度也不够，员工既不会努力工作，也不会长期留在企业。

但企业经营者也要明白，TUP数量的确定没有绝对的公平，很难让所有员工都满意，有些激励对象的欲望很大，不切实际，不能为了提升TUP数量的激励力度和约束力度，不断增加TUP总量。企业经营者要加强与激励对象的沟通，传达激励初衷，以免激励对象因不满激励数量而出现负面情绪。

在确定TUP个量时，我总结了三种普适性的方法和一个确定销售部门员工TUP个量的专用方法，供企业经营者参考。

确定 TUP 个量的三大方法

企业经营者在确定各个激励对象具体的 TUP 数量时，可以采取以下三种方法。

（一）直接评估法

直接评估法是指企业经营者综合考虑各种信息，包括激励对象的信息（职级、工龄、绩效等）、竞争企业情况、可供分配的 TUP 总量等，直接评估每个激励对象可以获得的 TUP 数量。这种方法比较直接、简单，但也比较粗糙，企业经营者考虑时应全面、客观。

（二）预期收入法

预期收入法是指企业经营者先预估激励对象对于 TUP 的预期收入值，再预估 TUP 到期时每股的收益，综合计算应该授予激励对象的股权数量。通常情况下，预估激励对象对于 TUP 的预期收入值可以以其年薪为基数，评估其想获得多少倍年薪的 TUP 收入。具体计算公式如下。

TUP 个量 = 激励对象 TUP 预期收入值 ÷ 预期每股收益 = 个人年薪 × 倍数 ÷ 预期每股收益

举个例子，某企业经营者要计算人力资源部门总监的

TUP，与人力资源部门总监沟通后得出他希望获得自身年薪两倍的 TUP 收入，该总监年薪为 30 万元，预估 TUP 到期时每股收益为 7 元，那么利用预期收入法计算该人力资源部门总监的 TUP 数量约为 8.6 万股，具体计算过程是 $30 \times 2 \div (10-3)$。

在激励对象对 TUP 预期收入值非常明确的情况下，比如激励对象提出自己想获得 30 万元 TUP 收入，TUP 数量可以不与激励对象年薪挂钩，直接以激励对象的预期收入值进行计算。

（三）分配系数法

分配系数法是指企业经营者建立激励对象评价模型，根据每位激励对象对企业的价值、激励对象的薪酬、绩效考核结果、工龄等进行评分，给予分配系数，按照每位激励对象的分配系数在企业总分配系数中的比例进行股权分配。具体计算公式如下。

TUP 个量 =TUP 总量 × 激励对象个人分配系数 ÷ 企业总分配系数

其中，激励对象个人分配系数 = 价值系数 ×20%+ 薪酬系数 ×40%+ 考核系数 ×20%+ 工龄系数 ×20%，企业总分配系数为所有激励对象个人分配系数之和。

在评估激励对象的薪酬系数时，企业经营者可以设置一定比例得出相应系数，比如企业经营者可以将工资最低的激励对象的薪酬系数设为1，其他激励对象的系数，用薪酬除以最低工资的激励对象的薪酬即可得出。

在评估激励对象价值系数时，企业经营者可以建立多个价值评分档位，比如评分90分以上的为A档，价值系数为5；评分81~90分的为B档，价值系数为3.5；评分71~80分的为C档，价值系数为2；评分70分及以下的为D档，价值系数为1，如表10-2所示。

表10-2 价值系数标准表

分数段	等级	价值系数
90分以上	A	5
81~90分	B	3.5
71~80分	C	2
70分及以下	D	1

然后根据激励对象的学历、工作能力、学习能力、岗位重要性等进行价值评分，得出激励对象的人才价值系数，比如某员工价值评分为86分，那么他的价值系数为3.5。

在评估激励对象考核系数时，企业经营者可以将员工的年度考核等级分档，比如绩效考核等级为A的，考核系数为2；绩效考核等级为B的，考核系数为1.5；绩效考核等级为C的，考核系数为1.2；绩效考核等级为D的，考核系数为1，如表10-3所示。然后根据各个激励对象的绩效考核结果得出相应的考核系数。

表10-3 考核系数标准表

考核等级	A	B	C	D
考核系数	2	1.5	1.2	1

在评估激励对象的工龄系数时，企业经营者可以制定激励对象工龄系数表，激励对象工龄每增加1年，工龄系数增加0.05，如表10-4所示。

表10-4 工龄系数标准表

入职年数	$1 \leq Y < 2$	$2 \leq Y < 3$	$3 \leq Y < 4$	$4 \leq Y < 5$	……
工龄系数	1	1.05	1.1	1.15	……

分配系数法是升级版直接评估法，能更为客观、合理地对激励对象的TUP个量进行计算，更容易令激励对象信服。

销售部门定TUP个量方法

企业的销售部门直接影响企业的盈利情况，被激励的机会大、频率高，企业经营者定销售部门TUP个量时，可以采用以下公式。

销售部激励对象 TUP 个量 = 销售部 TUP 总量 × 个人分配系数 ÷ 部门总分配系数

其中，个人分配系数 = 激励对象业绩增长系数 × 相应比例 1+ 激励对象年度利润系数 × 相应比例 2+ 激励对象年度目标利润增长系数 × 相应比例 3，相应比例 1+ 相应比例 2+ 相应比例 3=100%，企业经营者可以根据企业业绩侧重点给出相应比例的具体数值。

为确定激励对象业绩增长系数，企业经营者可以对部门员工业绩增长率情况分档，比如业绩增长率低于 20% 时，业绩增长系数为 1；业绩增长率大于等于 20%，小于 40% 时，业绩增长系数为 2；业绩增长率大于等于 40%，小于 60% 时，业绩增长系数为 3；业绩增长率大于等于 60%，小于 100% 时，业绩增长系数为 4，如表 10-5 所示。

确定激励对象年度利润系数和年度目标利润增长系数的方法与确定激励对象业绩增长系数相同，表 10-6 所示为年度利润系数标准，表 10-7 所示为年度目标利润增长系数标准。

表 10-5 业绩增长系数标准

激励对象业绩增长率 G	G < 20%	20% ≤ G < 40%	40% ≤ G < 60%	60% ≤ G < 100%
增长系数	1	2	3	4

表 10-6 年度利润系数标准

销售人员年度利润 R（百万元）	R < 0	0 ≤ R < 0.5	0.5 ≤ R < 1	1 ≤ R < 2	2 ≤ R < 3	3 ≤ R < 4	4 ≤ R < 5	5 ≤ R < 6	6 ≤ R
利润系数	0	1	2	3	4	5	6	7	8

表 10-7 年度目标利润增长系数标准

年度目标利润增长率 G	G < 40%	40% ≤ G < 70%	70% ≤ G < 100%	100% ≤ G < 150%	150% ≤ G < 200%	200% ≤ G
目标利润增长系数	1	2	3	4	5	6

举例，某企业销售经理小张，2022年实现利润200万元，业绩增长率为30%，目标利润增长率为20%，相应比例1、相应比例2、相应比例3分别为30%、50%、20%，企业授予小张所在的销售部门100万股，总分配系数为8，那么小张获得的TUP个量=100万×（2×30%+4×50%+1×20%）÷8=35万股。

需要注意的是，以上TUP个量计算方法需要企业经营者根据企业实际情况反复测算后使用，若随意设置系数，会使TUP个量分配出现偏差，反复测算再逐步调整，最终才能得出适合企业的TUP个量计算方法。

最后，我们总结一下：

- 企业经营者定TUP激励数量时，一是要定总量，做到尽量多分而不乱分。

- 二是要定个量，可以采用直接评估法、预期收入法、分配系数法，销售部门可以采用销售部门专用公式。

> 合理的分配价值,是为了激发更多的价值创造。
>
> ——作者的体悟

第11章 "定"年度收益:分钱要分得有使命感

TUP"九定模型"的第七"定"是确定激励对象年度收益——激励对象在拿到TUP后,每年可以拿到多少钱。"年度收益"在TUP激励周期里,属于即时激励,企业经营者要在一开始就确定激励对象的年度收益。

企业经营者在定TUP年度收益时,经常会遇到以下两个问题:

- 如何计算TUP年度收益?
- 哪些因素会影响员工的TUP年度收益?

11.1 科学算法

TUP 收益包括年度收益和累计期末增值收益,华为并未公开这两种收益的具体计算方法,我们根据华为 TUP 实施细则,提炼出 TUP 年度收益的计算公式,如图 11-1 所示。

其中,每份 TUP 年度收益是指 TUP 每股分红价格,比如 2021 年华为股票分红为每股 1.58 元,那么 2021 年的每份 TUP 年度收益则为 1.58 元。当计算结果为负数时,按零处理,企业的亏损不需要由员工来承担。

为了更清晰地展现这一计算公式,我以华为 2016 年至 2022 年的股票分红价格来进行计算演示。假设考勤系数为 1,授予激励对象的 TUP 总份数为 3 万份,那么华为 2017—2021 年 TUP 年度收益如表 11-1 和表 11-2 所示。

从上表中可以我们可以看出,实施一次性生效方案后,华为员工在一个 TUP 周期内的收益比实施分期生效方案多。华为从 2015 年开始实施一次性生效方案,在不考虑 TUP 考勤系数的情况下,每份 TUP 的年度收益与每份虚拟受限股的收益是一致的,如表 11-3 所示。

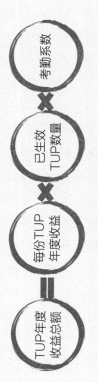

图 11-1 华为 TUP 年度收益计算公式

表 11-1 华为 2017 年至 2021 年 TUP 年度收益（分期生效方案）

年度	年份	生效数量（份）	每份当年年度收益（元）	考勤系数	当年年度收益总额（元）	备注
第1年	2017	10000	1.02	1	10200	生效 1/3
第2年	2018	20000	1.05	1	21000	生效 2/3
第3年	2019	30000	2.11	1	63300	全部生效
第4年	2020	30000	1.86	1	55800	全部生效
第5年	2021	30000	1.58	1	47400	全部生效
5年总计					197700	

表 11-2 华为 2017 年至 2021 年 TUP 年度收益（一次性生效方案）

年度	年份	生效数量（份）	每份当年年度收益（元）	考勤系数	当年年度收益总额（元）	备注
第1年	2017	30000	1.02	1	30600	全部生效
第2年	2018	30000	1.05	1	31500	全部生效
第3年	2019	30000	2.11	1	63300	全部生效
第4年	2020	30000	1.86	1	55800	全部生效
第5年	2021	30000	1.58	1	47400	全部生效
5年总计					228600	

表 11-3 华为 2017 年至 2020 年 TUP 与虚拟受限股收益比较

年份	每份TUP年度值（元）	虚拟受限股每股价格（元）	每份TUP年度收益（元）	虚拟受限股每股分红（元）
2017	7.85	7.85	1.02	1.02
2018	7.85	7.85	1.90	1.90
2019	7.85	7.85	2.11	2.11
2020	7.85	7.85	1.86	1.86

虽然每份 TUP 的年度收益与每份虚拟受限股的收益是一致的，但总体而言 TUP 的收益更高。因为虚拟受限股需要员工出资购买，许多员工尤其是新员工在购买虚拟受限股时缺乏资金，需要贷款，而贷款需要支付相应利息，使虚拟受限股的实际收益降低。而 TUP 不需要员工出资购买，也不需要支付相应利息，TUP 的实际收益便高于虚拟受限股。

11.2　考勤系数

在 TUP 年度收益公式部分，我们提到了考勤系数这一指标，虽然在计算时将考勤系数设定为 1，但在实际计算中，考勤系数会直接影响 TUP 年度收益。员工实际拿到手的 TUP 收益与企业发布的 TUP 收益存在一定的出入，就是因为每位员工的考勤情况不同，员工休假和缺勤会影响 TUP 收益。

华为为什么会把考勤列为 TUP 收益的考核指标呢？

华为并非一开始就将考勤列为 TUP 收益考核指标的，在 2011 年以前，华为还未将考勤列入配股条件，但华为在实施 TUP 时发现，大量员工长期休假，却仍然能够享受高额的股权收益，这违背了华为"以奋斗者为本"的原则。长期休假,说明员工工作的强度以及努力程度都不达标,这样的员工很难做出突出贡献。因此,从2011年起,华为规定两年内各类休假超过60天、事假超过5天的员工,不予配股。

事实上,华为本意上不愿意将考勤列入配股条件,希望员工该奋斗时好好奋斗,该休假时享受生活。但在没有制度约束的情况下,员工很难自觉奋斗,总会"钻空子"。在2011年4月14日华为召开的如何与奋斗者分享利益的座谈会上,华为轮值董事长胡厚崑说:"有一些数据,会后人力资源部可以跟大家共享一下。其实这个问题早就存在,只是以前我们没有把它揭示出来。在座的管理层对基层正在发生什么事情,也未必清楚。人力资源部今年对去年和前年的出勤情况做了一次统计,大家可以看一下,有多少人是在长期休假,而这些人是否每次都在获得配股,这也就是为什么我们的文件会对享受配股的员工有出勤率的要求。"因为员工的休假问题过于严重,华为终于忍无可忍,将考勤列入配股条件。

目前,华为对员工配股的考勤要求如下:上一年事假(与月末周六加班冲抵后的余额)小于5天;近两年各类休假(含各种法定休假和非法定休假)不超过60天。若近两年休假超过60天的,原则上只影响一次年度授予。

如果员工当年的考勤情况没有达到要求，则不予配股，直到员工的考勤情况达到要求，才有配股机会。当然，如果出现特殊情况，也可以灵活执行。比如任正非提出可以批准因工作过度劳累而身体欠佳的奋斗者以出差的方式休养。如果员工长期处于高压状态，很容易产生健康问题，华为要保护奋斗者，使他们不被伤害。

在实施考勤制度后，许多员工开始检查自己前两年的考勤情况，有些员工开始后悔休假时间太长，在没有紧急情况时大量休假，以至于失去了配股资格。将考勤列入配股条件，在很大程度上改变了员工的休假风气，促进了华为奋斗者文化的建设。

将考勤列入配股条件后，华为还在计算 TUP 年度收益时，进一步将考勤列为考核指标。华为加入了考勤系数这一指标，考勤系数的计算公式如下。

$$考勤系数 = 实际出勤天数 / 应出勤天数$$

其中，实际出勤天数 = 应出勤天数 − 休假天数。应出勤天数则为法定工作日，是国家规定的除法定节假日和休息日外的天数，比如 2022 年中国内地全年应出勤天数为 248 天。假设一名员工全年实际出勤天数为 240 天，当年休了 8 天假，那么他的考勤系数 =240/248=0.967。

休假天数计算起来较为复杂，因为在华为，事假、病假、婚假、丧假、计划生育假、司机年审假、工伤假、无薪假、陪产假、轮休假、婚检假、产检假、产假、流产假、哺乳假、带薪年休假、特殊长事假、合同年休假、旷工、迟到、早退等缺勤天数都属于休假。

华为员工休带薪假期不扣工资，但会影响绩效工资和TUP年度收益、累计期末增值收益；休不带薪假期，则既要扣工资，还会影响绩效工资和TUP年度收益、累计期末增值收益。

例如，2022年某华为员工拥有5万份TUP，一年248个工作日，这位员工请了10天陪产假，需要扣除4%的年度收益，且考勤系数为0.95。假设2022年华为每份TUP年度收益为2元，那么这位员工2022年的TUP年度收益为 $50000 \times 2 \times 0.95 = 95000$ 元，则他需要扣除的年度收益为3800元，再加上因为考核系数未达到1而扣去的5000元，这位员工一共损失了8800元。仅TUP年度收益一项，该员工每日损失就达到了880元。在这种情况下，员工如无必要，不会轻易休假，甚至有华为员工选择在中午休息时间去领结婚证，然后匆匆赶回去上班，就是为了保住收益。

看到这里也许有企业经营者会疑惑，华为的这一做法是否合理？答案是肯定的。华为将考勤列入配股条件和考核指标，并不违反《劳动法》。员工在正当休假期间，华为按照法律发放工资，但休假期间员工并未给华为创造价值，股权受到影响是合理的。如果员工休了假和没休假拿到的股权收益一样，那么员工就会想尽办法多休假、少做事。这对其他员工而言也不公平。华为通过将员工考勤情况与 TUP 年度收益挂钩的方式，促进员工主动奋斗。

需要注意的是，不同行业的企业，可以根据自身情况，以半年或一个季度为周期发放收益，不必完全以年为周期发放收益。

11.3　TUP 发放与预留动态管理

在实际操作中，我并不主张企业每年都将所有的 TUP 收益直接发放给员工。我会为企业设计 TUP 发放与预留动态管理系统，即每年发放一定比例的 TUP 收益，剩下的预留在企业中，员工能享受一定的增值收益，累计到期末再将 TUP 收益与增值收益全部发放给员工。比如某企业今年的 TUP 收益总额为 1000 万元，该企业可以发放

500万元给员工，剩下的500万元留在企业中，等到期末再发放。

为什么要这样做呢？主要有三个原因。

维持企业现金流

设置TUP发放与预留动态管理系统，能够维持企业现金流。对于所有企业而言，维持一定的现金流都十分重要。企业每年发放一定比例的TUP年度收益，就可以留下一部分资金，将其作为企业现金流支撑，以备不时之需。

短期激励与中长期激励相结合，稳住人心

设置TUP发放与预留动态管理系统，能够将短期激励与中长期激励相结合，稳住人心。具体来说，企业发放一定比例的TUP年度收益，将一部分TUP年度收益留在企业中，使员工每年既能拿到一定比例的TUP年度收益，又可以站在企业长期发展战略的角度，为企业发展做出更大贡献。

塑造员工争先恐后获得高绩效的氛围

有些企业经营者可能会问："企业能够发放的TUP

年度收益本就不高，再留下一部分，导致每年发给员工的 TUP 收益较低，该如何处理？"事实上，保留一部分 TUP 年度收益，能够营造员工争先恐后获得高绩效的氛围。因为员工的 TUP 年度收益与企业创造的价值密切相关，员工创造的价值越多，TUP 年度收益越高。在 TUP 年度收益发放比例一定的情况下，如果员工能创造更多价值，能拿到的 TUP 年度收益就更高。为此，员工会更加努力奋斗，创造更多价值，很容易在企业中营造员工争先恐后创造高绩效的氛围。

既然设置 TUP 发放与预留动态管理系统的好处这么多，那么如何确定 TUP 年度收益发放比例呢？对于这一点，我认为只要每年发放的 TUP 收益能让员工"有感觉"即可。什么叫让员工"有感觉"呢？是指每年发放的 TUP 收益能触动员工的内心，激发员工的工作热情。如果 TUP 年度收益太少，员工根本"没感觉"，那么激励就没有效果。

怎样让员工"有感觉"？企业可以先确定员工的整体薪酬水平，比如工资、奖金、福利等加起来一共有多少钱，再按一定的百分比确定 TUP 年度收益，即 TUP 年度收益占总薪酬数额的百分比。通常情况下，TUP 年度收益达到总薪酬数额的 10%，就能让员工"有感觉"。

最后，我们总结一下：

- TUP年度收益计算公式为：TUP年度收益总额=每份TUP年度收益×已生效TUP数量×考勤系数。

- 员工的考勤情况、企业的TUP发放与预留动态管理影响员工TUP年度收益。

> 把赚来的钱分光,再努力去赚钱,这符合耗散理论。
>
> ——华为

第12章

"定"期末收益:把赚来的钱分光,再努力去赚钱

TUP"九定模型"的第八"定"是确定激励对象的累计期末增值收益——激励对象在5年期满后一共可以拿到多少钱。这也是 TUP 的期末清算,将所有人的 TUP 清零,对齐企业新战略后再出发。

华为 2021 年的 TUP 分红发放后,有华为中层员工透露,他拿到了百万分红。为什么华为员工能分到这么多钱呢?首先是因为华为的利润高,其次是因为华为舍得分钱,愿意把利润分给员工。

任正非在 2011 年的市场大会上说道:"公司长期推行的管理结构就是一个耗散结构,我们有能量一定要把它耗

散掉，通过耗散，我们获得了新生。什么是耗散结构？你每天去跑步，就是耗散。为什么呢？你身体的能量多了，把它耗散了，就变成了肌肉。"在定 TUP 累计期末增值收益时，华为的出发点就是"耗散"，把赚来的钱分光，再努力去赚钱。

TUP 收益包括年度收益和累计期末增值收益，上一节我们讲述了如何定 TUP 年度收益，这一节主要讲述如何定 TUP 累计期末增值收益。

在定 TUP 累计期末增值收益时，企业经营者可能会有以下疑问：

- TUP 累计期末增值收益如何计算？
- TUP 累计期末增值收益如何发放？
- TUP 累计期末增值收益发放后的结果如何？

12.1　计算公式

TUP 累计期末增值收益是指整个 TUP 周期内的累计收益，对华为来说就是除去每年收益后的剩余收益总和，华为虽然每年都计算 TUP 年度收益，但只会在 TUP 期满后的次年 4 月结算并支付。TUP 累计期末增值收益计算公式，如图 12-1 所示。

图 12-1 TUP 累计期末增值收益计算公式

华为虚拟受限股每股的价格即 TUP 年度值，比如 2020 年华为每股价格是 7.85 元，则 TUP 年度值也是 7.85 元。由于华为近几年的 TUP 年度值没有变动，所以我以 2014 年至 2018 年的数据为例进行测算，假设某员工获得了 3 万股 TUP，考勤系数为 1，那么其获得的 TUP 累计期末增值收益如表 12-1 和表 12-2 所示。

当企业年度增值额的计算结果为负数时，按零处理，员工不承担亏损部分。

12.2 纳税规则

TUP 属于薪酬收入的一部分，员工在获得 TUP 收益时，也需要缴纳相应的税款。TUP 累计期末增值收益的纳税规则如下。

下篇　九定模型　191

表 12-1　TUP 累计期末增值收益测算表（分期生效方案）

年度	年份	生效数量（份）	当年年度值（元）	年度增值额（元）	考勤系数	当年累计期末增值收益总额（元）
第1年	2014	10000	5.66	0.24	1	2400
第2年	2015	20000	5.90	0.91	1	18200
第3年	2016	30000	6.81	1.04	1	31200
第4年	2017	30000	7.85	0	1	0
第5年	2018	30000	7.85	0	1	0
5年总计						51800

表 12-2　TUP 累计期末增值收益测算表（一次性生效方案）

年度	年份	生效数量（份）	当年年度值（元）	年度增值额（元）	考勤系数	当年累计期末增值收益总额（元）
第1年	2014	30000	5.66	0.24	1	7200
第2年	2015	30000	5.90	0.91	1	27300
第3年	2016	30000	6.81	1.04	1	31200
第4年	2017	30000	7.85	0	1	0
第5年	2018	30000	7.85	0	1	0
5年总计						65700

适用个人所得税

TUP 收益属于薪酬收入，适用个人所得税，需要按照个人所得税税率缴纳。一般情况下，华为员工的收入较高，在缴纳个人所得税时税率往往高于 20%。有些年入百万元的员工，甚至需要缴纳 45% 的个人所得税，许多员工抱怨 TUP 税负太重。

事实上，TUP 税负相较于虚拟受限股来说并不高，因为虚拟受限股是税后净利润分红，员工拿到虚拟受限股时，已经缴纳了一次企业所得税，分红时员工还需要再缴纳一次个人所得税，而 TUP 属于人工成本，企业不需要缴纳企业所得税。

可进行纳税筹划

企业缴纳税负时，可以进行合理的纳税筹划，以减轻税负压力，员工缴纳个人所得税，也可以进行合理、合法的纳税筹划。华为采取三种 TUP 收益的发放方式，如表 12-3 所示，员工可以选择更利于自己的方式。

当员工难以算出哪种方式缴纳税款的额度最低时，可以选择第三种系统默认方式，由专业人士进行测算，避免员工多花钱。

表 12-3 华为 TUP 收益发放的三种方式

序号	发放方式	详细情况
1	TUP 收益随工资发放	TUP 收益发布后，TUP 与最近 1 个月工资合并按工资税计税发放，可选择随 4 月工资一起发放
2	TUP 收益随奖金发放	当 TUP 收益发布及奖金值确定后，TUP 收益与奖金合并用奖金税计税发放，可选择随 5 月奖金一起发放
3	系统默认（专业人士测算）	当 TUP 收益及员工的奖金值确定后，由专业人士对比"TUP 收益随工资发放"及"TUP 收益随奖金发放"的缴税金额，以最优方式发放

12.3 TUP 转 ESOP 或注册股方案

TUP 是所有股权激励的基础试金石。在每个周期 TUP 累计期末增值收益发放后，激励对象会获得一笔比较可观的收益。通常情况下，企业会根据激励对象的不同，设计三种不同的收益分配方案。

潜力一般的激励对象：直接拿钱

对潜力一般的激励对象，企业可以将 TUP 累计期末增值收益以现金的方式直接发放给他们。等到下一个 TUP 周期时，再根据"定对象"的方法，决定他们是否能够获得下一个周期的 TUP。

为什么这样做呢？因为潜力一般的激励对象，不是企业中长期激励的对象，企业只需要给他们发放 TUP 即可。

潜力较大的激励对象：转 ESOP

在大型企业中，对潜力较大的激励对象，企业可以将其获得的 TUP 累计期末增值收益转成 ESOP。ESOP 是 Employee Stock Ownership Plans 的缩写，即企业职工持股计划，是指由企业内部员工出资认购本企业部分股权，委托一个专门机构（如职工持股会、信托基金会等）以社团法人身份托管运作，集中管理，并参与董事会管理，按股份分享红利的一种新型股权安排方式。

将 TUP 累计期末增值收益转为 ESOP 使短期激励演变为中长期激励，有两个好处。第一个好处是激励对象可持续获得分红，进而将潜力较大的激励对象留在企业中，持续创造价值；第二个好处是企业不必将这些收益直接以现金方式发放出去，能增加企业现金流，增强企业抵御风险的能力。

中小企业重点激励对象：转注册股

在中小型企业中，对于需要重点激励的对象，企业可以将其获得的 TUP 累计期末增值收益转成注册股。转成注册股的方式很简单，我们曾帮助多家中小企业做过尝试：先成立一家合伙企业，原企业的重点激励对象可以将其获得的 TUP 累计期末增值收益入股到合伙企业，通过持有合伙企业的股份，持有原企业的一定数量的股份，成为企业真正的主人，与企业成为利益共同体、命运共同体，持续为企业创造价值。

通过这三种激励方式，企业可以清晰地看到 TUP 累计期末增值收益去向以及长期的发展规划。

最后，我们总结一下：

- TUP累计期末增值收益计算公式：TUP累计期末增值收益=（TUP总收益－每年已分配收益）×考勤系数。

- TUP累计期末增值收益属于薪酬收入，适用个人所得税，需要按照个人所得税税率缴纳。

- TUP累计期末增值收益的去向分为三种：直接拿钱、转ESOP、转注册股。

> 一个人一辈子能做成一件事，已经很不简单了。
>
> ——华为

第13章 "定"退出机制：从一个胜利走向另一个胜利

TUP"九定模型"的最后一"定"是确定激励对象的退出机制——面对不同的情况，激励对象要如何退出企业的 TUP 激励机制。

流水不腐，户枢不蠹，TUP 并不是一成不变的，而是一个动态循环的过程。TUP 的实施不仅需要完善的执行机制，也需要合理的退出机制。如果退出机制不合理，轻则引发纠纷，重则影响整体激励效果。很多企业经营者在实施 TUP 时，认为不能随意给员工 TUP，因为 TUP 一旦被给出就不容易收回，事实上，企业经营者之所以会认为不易收回，是因为退出机制设计得不够合理。

在制定 TUP 退出机制时，企业经营者可能会有以下两个困惑：

- 在什么情况下员工会退出TUP？
- 如何制定合理的退出机制？

华为将 TUP 退出情况分为三种，即期满退出、离职退出和过错退出，在不同情况下有不同的退出机制。

13.1 期满退出

期满退出是第一种 TUP 退出情况。华为 TUP 的一个周期是 5 年，5 年期满后，华为对累计期末增值收益进行结算并支付，无论员工是否离职，这一周期的 TUP 自动失效。

很多企业经营者在定 TUP 周期时，没有给出具体的失效日期，员工何时退出并不明确，使企业 TUP 实施到后期时，出现负担过重的情况。这样一来，即使 TUP 实施前期取得了较好的效果，后期过重的负担也会使企业蒙受较大损失。因此，企业经营者一定要确定 TUP 退出时间，并告知所有员工。

13.2 离职退出

离职退出是第二种 TUP 退出情况。员工离职时所持的股权如何处理，是让许多企业经营者头疼的问题。华为对此秉承着一个原则，即员工离职后所有虚拟股权都要回购。这一退出机制也是基于知识资本化理论，当员工不再向华为投入智力资本时，华为也不再向其分配价值。同时，如果华为不回购离职员工的股权，就没有股权可以发放给新员工，会再次陷入"坐车人"多、"拉车人"少的尴尬境地，最后"车上"都是人，"车下"没有人，企业将止步不前。

对于在 TUP 期满前离职的员工，华为无须对其持有的 TUP 进行回购，其持有的 TUP 将全部失效。因为员工的 TUP 股权并不是出资购买所得，因此也不需要回购，企业经营者只需要将其获得的 TUP 年度收益和期末效益算清楚即可。

离职时 TUP 年度收益计算

华为对离职时员工 TUP 年度收益计算的规定是"若员工考勤截止日期是 12 月 31 日（即 12 月 31 日当天上完

班后离职），则按照聘用关系解除或终止日期为次年 1 月 1 日来计算其年度收益和累计期末增值收益，即当年授予的 TUP 解锁并参与收益计算"。简而言之，就是若员工工作未满一整年，哪怕是在 12 月 31 日下班前一个小时离职，那么他当年的 TUP 年度收益也是零，不予发放。

离职时 TUP 累计期末增值收益计算

在计算离职员工 TUP 累计期末增值收益时，方法与计算 TUP 年度收益一致，即当年 12 月 31 日下班前离职的员工，不能获得当年度的 TUP 累计期末增值收益。其他年度累计已经获得的 TUP 累计期末增值收益，员工可以在离职时一并领取，企业一次性支付。

例如，张三在 2015 年获得 5 万份 TUP，2018 年 10 月离职，那么他离职时的 TUP 累计期末增值收益计算如表 13-1 所示。

13.3 过错退出

过错退出是第三种 TUP 退出情况。对出现过错、损害企业利益的员工，华为可以取消其未结算的 TUP 年度收益和累计期末增值收益。华为对于员工的过错行为判定

表13-1 张三的TUP累计期末增值收益计算

年度	年份	生效数量（份）	当年年度值（元）	年度增值额（元）	考勤系数	当年累计期末增值收益总额（元）
第1年	2015	50000	5.90	0.91	1	45500
第2年	2016	50000	6.81	1.04	1	52000
第3年	2017	50000	7.85	0	1	0
第4年	2018	0	因张三当年度末上满全年，故不计算累计期末增值收益			
4年总计						97500

主要依据《华为员工商业行为准则》，依据过错造成损失的严重程度，分为两种类型，即普通过错退出和损害企业利益退出。

普通过错退出

对出现普通过错行为的员工，华为要求其遵守《参股承诺书》中的规定，将所持股份以原值退回企业，丧失持股资格。由于 TUP 不需要员工出资购买，在员工出现普通过错后，以股权原值退回，相当于直接取消员工持有的 TUP 份额。

损害企业利益退出

对出现了严重过错行为，损害企业利益的员工，华为要求其丧失持有华为股权的资格，在事件处理完毕后，华为将按照原价回购股权作为赔偿款。

严重过错行为包括收受商业贿赂，利用本人的职权为自己、亲属或任何第三方谋取任何利益，泄露秘密等一切损害公司的行为。企业经营者可以在授予员工股权前，与员工签订《参股承诺书》，写清因过错行为导致的退出机制具体如何操作，以免与员工产生分歧。

在一定程度上，员工持有的股权是员工约束自己行为的一种担保，正如华为技术有限公司原董事长孙亚芳所说："我们实际是用自己的股票作为承诺，不侵害公司的商业利益。"

另外，华为的股权有追溯机制，如果员工的过错行为没有在第一时间被发现，比如员工3年前出现严重过错行为，3年后才被发现，那么企业有权收回这3年内给员工发放的全部TUP份额和分红。

最后，我们总结一下：

- 在TUP期满、员工离职、员工出现过错这三种情况下，员工可能会退出TUP。

- 在制定TUP退出机制时，企业经营者应当秉承创造价值才能分配价值的原则，在员工无法继续创造价值时，取消其TUP股权份额。

附 录

有限公司参加虚拟股权激励计划协议

甲方:【   】有限公司

地址:

法定代表人:

统一社会信用代码:

乙方:

地址:

公民身份号码:

电话:

鉴于:

1. 乙方在【   】有限责任公司(以下简称"公司")(或相关企业)期间,为公司的业务增长、管理创新及科学高效的经营做出了贡献;并且乙方对于公司(或相关企业)的工作条件、管理制度、经营发展战略与企业文化具有高度认同感,愿意长期为公司(或相关企业)经营发展发挥重要作用。

2. 公司(或相关企业)对于乙方的工作成果给予高度认可,将其界定为公司(或相关企业)的核心员工,并希望乙方能够为公司(或相关企业)的持续发展做出更大的贡献,与公司(或相关企业)共同成长。

3. 公司同意乙方按照本协议约定的条件和方式参加【　　　　　】公司虚拟股权激励计划(以下简称"虚拟股权激励计划")。

甲乙双方根据国家相关法律法规,经友好协商,达成一致,协议如下。

第一条　虚拟股权激励计划实施的方式

1.1 甲方授予乙方持有【　　　　　】公司的虚拟股权,乙方可享受其所持有的虚拟财产份额对应的分红。

第二条　虚拟财产份额的授予

2.1 乙方获授虚拟股权,需满足授予虚拟股权上一年度在公司的绩效考核达到 80 分及以上。

2.2 乙方获授的虚拟股权对价为每份【　　　】元,

乙方获授【　　　】份，总计【　　　　】元。

2.3 乙方应在【　　　】年【　　　】月【　　　】日前向公司支付获授虚拟股权对应的金额。

2.4 【　　　　　　　】咨询中心（有限合伙）持有公司的股权价值发生变动的情形下，乙方获授的虚拟股权价值也会随之变动。

第三条　虚拟股权的分红

3.1 当年【　　　　】月前，公司绩效与薪酬考核委员会将公布上一年度乙方虚拟股权的变动情况，并以此为依据向乙方进行分红。

3.2 乙方持有的虚拟股权对应的分红由持股平台内【　　　　】的股权分红中支付。分红的计算方法为：

分红 =（持股主体获授虚拟股权数量／【　　　　】股权分割的虚拟股权总数量）× 当年【　　　　】持有股权所得分红。

3.3 虚拟股权的分红与乙方上年度的考核相关：

（1）考核分数达 80 分以上的，可领取其所持有的全部虚拟股权对应的分红金额。

（2）考核分数在 60~80 分之间（含）的，可领取其所持有 60% 虚拟股权对应的分红金额。

（3）考核分数在 60 分（含）以下的，本年其所持有的虚拟股权不分红。

（4）当年未全额领取的分红，后续不再领取。

第四条　虚拟股权的管理

4.1 虚拟股权不允许转让。

第五条　虚拟股权的变动

5.1 因乙方存在如下情形的，其持有的虚拟股权将被收回，收回价格按照【　　】年 12 月 31 日公司净资产价值对应虚拟股权价格的 50% 计算：

（1）有《公司法》第 146 条规定的不得担任公司的董事、监事以及高级管理人员情形的。

（2）利用职权收受贿赂或其他违法收入，侵占公司（或相关企业）财产的。

（3）挪用公司（或相关企业）资金的。

（4）将公司（或相关企业）资金以个人名义或其他个人名义开立账户存储的。

（5）违反公司（或相关企业）章程的规定，未经股东会、股东大会或者董事会同意，将公司（或相关企业）资金借贷给他人或者以公司（或相关企业）财产为他人提供担保的。

（6）违反公司（或相关企业）章程的规定或者未经股东会、股东大会同意，与本公司（或相关企业）订立合同或者进行交易的。

（7）未经股东会或者股东大会同意，利用职务便利为自己或者他人谋取属于公司（或相关企业）的商业机会，自营或者为他人经营与所任职公司（或相关企业）同类的业务的。

（8）接受他人与公司（或相关企业）交易的佣金并归为己有的。

（9）擅自披露公司（或相关企业）秘密的。

（10）未对公司（或相关企业）尽到忠实义务和勤勉义务的。

（11）公司(或相关企业)有充分证据证明乙方在任职期间,由于受贿、索贿、贪污、盗窃、泄露经营和技术秘密等损害公司(或相关企业)利益、声誉的。

（12）公司(或相关企业)有充分证据证明乙方在与公司(或相关企业)有竞争关系的同业企业任职或兼职的。

（13）公司(或相关企业)有充分证据证明乙方投资与公司(或相关企业)有竞争关系的同业企业的。

（14）因过错或过失导致被解聘、辞退、除名等情形。

（15）因过错或过失对公司(或相关企业)利益造成损失,经公司股东会或董事会决议强制退出的。

（16）因故意、过错或过失对合伙企业造成重大损失的。

（17）执行合伙事务时有不正当行为的。

（18）违反国家有关法律、行政法规或公司(或相关企业)章程的规定,且给公司(或相关企业)造成重大经济损失的。

（19）因犯罪行为被依法追究刑事责任的。

（20）其他不适宜担任"董监高"，或不适宜被纳入持股人员范围的情形。

（21）其他……

5.2 非因 5.1 条原因，乙方与公司（或相关企业）自愿解除或终止劳动关系的（退休除外），乙方持有的虚拟股权被全部收回，收回价格应当比较【　　】年 12 月 31 日公司财务报表净资产对应的虚拟股权价值，与强制退出时点该虚拟股权对应公司净资产价值孰低确定。

5.3 如乙方有以下情形的，虚拟股权全部收回，收回价格按当年 12 月 31 日年末财务报表对应的净资产价格计算：

（1）乙方死亡的。

（2）因离婚造成股权需作为婚内财产被分割的。

（3）因涉及借贷等民事诉讼，被法院冻结财产，要求强制执行其持有的股权的。

（4）乙方正常退休的。

5.4 乙方未达到公司相关考评标准的，其持有的虚拟股权将被收回，收回价格以考核分数最低年12月31日财务报表净资产价格为依据计算：

（1）连续三年考核分数在60分（含）以下的，其持有的虚拟股权全部被收回。

（2）连续两年考核分数在60分（含）以下的，其持有的虚拟股权中的50%被收回。

（3）连续三年考核中，第一年考核分数在60分（含）以下，第二年考核分数为60~80分（含），第三年考核分数在60分（含）以下的，其持有的虚拟股权中的40%被收回。

（4）连续三年考核中，有两年考核分数为60~80分（含），一年考核分数在60分（含）以下的，其持有的虚拟股权中的30%被收回。

（5）连续三年考核分数均为60~80分（含），其持有的虚拟股权中的20%被收回。

（6）连续三年考核中，有两年考核分数为60~80分（含），一年考核分数在80分以上的，其持有的虚拟股权中的10%被收回。

第六条 甲乙双方的权利及义务

甲方有根据协议约定,授予乙方获得持股企业虚拟股权的权利。

乙方在满足考核条件等相关要求的前提下,有权享受其持有的虚拟股权所对应的分红。

同时乙方同意,本次股权激励计划的实施,系以本协议双方认可乙方应为公司发展长期发挥重要作用、为公司做出更大贡献为基础。为此,乙方有如下义务:

6.1 乙方按照《股权激励计划》及本协议约定行使权利,履行义务。

6.2 乙方严格按照公司(或相关企业)与其签署的劳动合同、岗位工作要求、绩效考核制度等约定或规定勤勉尽职工作,同时,乙方还应模范遵守公司(或相关企业)各项劳动、管理规章制度等。

6.3 乙方必须遵守国家相关法律法规,不得以任何方式实施任何侵害公司(或相关企业)利益的行为,包括但不限于:违反公司(或相关企业)保密制度;为公司(或相关企业)竞争对手提供服务或协助;由其本人实施对公司(或相关企业)构成竞争的行为等。

6.4 乙方因参与本股权激励计划产生的分红收益,由乙方按照国家现行法律规定,自行承担个人所得税及应由其个人承担的其他相关税费。

6.5 乙方承诺并保证参加本计划认购虚拟股权的全部资金均为自筹资金。

6.6 乙方已知晓并同意,由于公司经营状况不同、分红金额不同、【   】公司所持股权数量可能发生变动等情形,都将导致其所持有的虚拟股权分红有变动。

第七条　协议生效及其他

7.1 本协议经公司签字盖章且乙方签字后生效。

7.2 因履行本协议所产生的争议,双方友好协商解决。协商不成,双方均可向【   】仲裁委员会提起仲裁。

7.3 本协议未尽事宜按照《虚拟股权激励计划》的有关内容执行。如未有规定的,按照公司章程规定及法律规定执行。

7.4 本协议原件一式三份,由甲方持有两份,乙方持有一份，具有同等法律效力。

7.5 公司对接资本市场（包括但不限于首次公开发行并上市、全国中小企业股份转让系统挂牌等），如本协议与相关的法律、行政法规相违背，可根据相关的法律、行政法规予以调整。

甲方：【　　　　　　】有限公司
授权代表：＿＿＿＿＿＿＿
　　　　　　　　　　　年　　月　　日

乙方：
签字：＿＿＿＿＿＿＿
　　　　　　　　　　　年　　月　　日

有限责任公司股权激励计划

为提升公司治理水平,进一步完善公司法人治理结构,吸收并保留优秀管理人才和业务骨干人员,提高公司的市场竞争能力和可持续发展能力,保证公司发展战略和经营目标的实现,根据《公司法》等有关法律、行政法规、规章、规范性文件的规定,【   】有限责任公司(以下简称"公司")制定本股权激励计划。

释义

除非另有说明,以下简称在本文中作如下释义,如表 A-1 所示。

表 A-1 简称释义

公司	指【 】有限责任公司
总经理	
副总经理	
董事长	
股权激励方案	【 】以持有有限合伙企业财产份额的方式间接持有公司股权。其他符合股权激励资格条件的员工,及【 】还将持有部分虚拟财产份额,并按照绩效考核结果享受虚拟财产份额分红

（续）

持股主体	目前在公司就职并符合股权激励资格条件的公司员工
持股平台	指【　　　】咨询中心（有限合伙）
【　　　】有限公司	指【　　　】咨询中心（有限合伙）的普通合伙人
标的股权	根据本持股计划，持股平台有权持有的公司股权
绩效考核	对持股主体业绩开展的绩效考核工作
虚拟财产份额	根据本持股计划，持股主体有权持有的有限合伙企业虚拟财产份额
虚拟财产份额分红	持股主体根据其绩效考核结果，可依据本持股计划享受的其持有虚拟财产份额的分红
禁售期	指持股主体间接持有公司股权不允许转让的期限
限售期	指持股主体间接持有公司股权有条件转让的期限

股权激励计划的管理机构

公司股东会为本股权激励计划的决策机构，负责审议批准并依照规定程序决定本计划的实施、变更和终止。

公司董事会是本股权激励计划的执行机构，负责拟定本管理办法并提交股东会审议，公司董事会由三名董事组成，一名董事为【　　　】，另外两名董事由持股平台委派【　　　】担任。董事会下属的薪酬与考核委员会负责对持股人员进行绩效考核，以及根据股东会决议和授权办理实施本计划的相关事项。薪酬与考核委员会委员任期两年，人选由董事会委派，可以连任。

薪酬与考核委员会可聘请外部专家担任委员，外部委员的比例不得低于总人数的【　】%，细则另定。

公司执行监事是本股权激励计划的监督人员，负责对本计划实施的全过程进行监督。

股权结构

此次股权激励计划涉及的股权结构如下：

【　　　　　　　　　　　】

持股方式

此次股权激励计划的持股方式主要有间接持股与虚拟财产份额两种方式。

间接持股：指【　　　】有权通过【　　　　】咨询中心（有限合伙）间接持有公司相应的股权。其持股比例如上所示。

虚拟财产份额：指符合股权激励条件的公司员工，有权持有的有限合伙企业虚拟财产份额，持有虚拟财产份额的员工并不是有限合伙企业的有限合伙人，但可享有该部分虚拟财产份额对应的分红，分红资金来源为有限合伙人【　　　　】所持有的财产份额分红。

间接持股

（一）持股主体

参与间接持股的持股主体为：生产技术与销售骨干人员。

持股主体为【　　　】咨询中心（有限合伙）的有限合伙人，由【　　　】出资成立的【　　　　】有限公司作为【　　　　】咨询中心（有限合伙）的普通合伙人，承担无限责任，负责执行合伙事务。

（二）股权来源及财产份额

有限合伙企业持有的公司【　　　】%股权对应的财产份额共计【　　　　】万份。

持股主体间接持有的公司【　　　】%股权对应的财产份额共计【　　　　】万份，每份财产份额价格为【　　　】元。

其中，各合伙人的持股比例及对应的财产份额出资如表 A-2 所示。

受限于有限合伙企业成立的时间进度，在成立有限合伙企业时，先由普通合伙人、【　　　】向有限合伙企业出资，后续由【　　　】将部分财产份额转让给其他有限合伙人。

表 A-2　各合伙人的持股比例及对应的财产份额出资

序号	姓名	持有财产份额比例	间接持股比例	财产份额数量（万份）	出资额（万元）

（三）资金来源

1. 持股主体认购财产份额的资金为自筹，并不得代他人受让或以委托、信托等方式取得持股平台的财产份额。

2. 公司将不会为持股主体认购财产份额所需资金提供借贷、担保等。

（四）禁售期与限售期

1. 禁售期

持股主体取得财产份额的禁售期为【　】年，自持股主体签署【有限合伙企业财产份额受让协议】之日起计算。禁售期内，持股主体持有的财产份额不允许转让及出售。

2. 限售期

禁售期满后，财产份额进入限售期，并可在【　】年内分批解禁。其中，第一年可解禁【　】%，第二年可解禁【　】%，第三年可解禁【　】%，第四年可解禁【　】%，第五年可解禁【　】%。解禁日为每年的【　】月【　】日。

未解禁的财产份额不得转让，但可享有财产份额的分红收益。持股平台将对每个会计年度已实现并收回的利润进行分配或再投资。分配或再投资的数量由普通合伙人决策。

虚拟财产份额

（一）持股主体

参与虚拟财产份额计划的持股主体，除【　　　】外，其他人员还需满足如下条件：

持股主体原则上为与公司签订劳动合同的员工，或为公司发展做出重大贡献的外部人员。

持股主体的数量，原则上不超过员工总数的15%。

持股主体原则上应当为公司中层级别以上的员工，包括总经理、副总经理、财务总监、各部门负责人、技术骨干人员、销售骨干人员、管理骨干人员、特殊贡献员工等。

上述虚拟财产份额持股人员还需通过公司的业绩考核

要求,最终确定持股人员范围及所获授的虚拟财产份额。

公司的业绩考核要求为:上一年度员工在公司绩效考核达到 80 分以上。

(二)虚拟财产份额来源及初始比例

由有限合伙人【　　】将其所持有的财产份额虚拟分割成【　　】份,按照持股主体的职级、工作年限、职位、考核结果等综合评定后授予。持股主体的虚拟财产份额初始比例,以公司截至当年 12 月 31 日财务报表的净资产为依据确定。

每年【　　】月前,绩效与薪酬考核委员会将公布上一年度各持股主体虚拟财产份额的变动情况,并依据此向各持股主体进行分红。

(三)虚拟财产份额对价

持股主体取得虚拟财产份额,以公司截至当年 12 月 31 日财务报表的净资产为依据确定,每份虚拟财产份额作价【　　】元。

(四)绩效考核与分红

持股主体每年【　　】月前,由绩效与薪酬考核委

员会对其进行考核,考评标准由绩效与薪酬考核委员会另行制定,考核结果与其分红比例相关:

1. 考核分数达到 80 分以上的,可领取其所持有的全部虚拟财产份额对应的分红金额。

2. 考核分数在 60~80 分之间(含)的,可领取其所持有 60% 虚拟财产份额对应的分红金额。

3. 考核分数在 60 分(含)下的,本年其所持有的虚拟财产份额不分红。

4. 当年未全额领取的分红,后续不再领取。

5. 当年公司未分配的利润,在后续年度向有限合伙人【   】进行分配的,当年考核分数未达到 80 分的持股主体,不再参加当年未分配利润在后续年度的分配或按照当年考核结果对应的分红比例参与当年未分配利润在后续年度的分配。

公司与持股主体的权利义务

(一)公司的权利义务

1. 公司有权决定持股主体的范围,对不能胜任所聘工作岗位的员工,公司有权拒绝其参与本股权激励计划。

2. 公司有权依据本股权激励计划，对财产份额的取得、转让、退出等事项进行管理。

3. 公司有权依据本股权激励计划，对虚拟财产份额的授予、分红、收回进行管理。

4. 公司应当根据本股权激励计划，积极配合持股平台按规定取得公司股权。

5. 法律、法规规定的其他相关权利义务。

（二）持股主体的权利义务

1. 持股主体应当按公司所聘岗位的要求，勤勉尽责、恪守职业道德，为公司的发展做出应有贡献。

2. 持股主体间接取得的股权，自获得之日起遵守禁售期、限售期、财产份额转让的要求，期满后可依据财产份额管理的要求进行转让。

3. 持股主体取得的财产份额不得用于担保或偿还债务。

4. 持股主体取得的虚拟财产份额需遵循本股权激励计划的管理要求。

5. 持股主体因持股获得的收益，应按国家税收法规缴纳个人所得税及其他税费。

6. 持股主体应遵守股权激励计划关于转让、退出、分红、收回等事项的相关规定。

7. 持股主体应配合公司做出对外融资、引入新股东、增资、股权转让等事项的决议，承诺与公司各股东决策保持一致。

8. 未来公司拟引入新的激励对象，如采用实际持有财产份额的方式进行激励，则持股主体应配合同比例稀释或转让所持有的财产份额，作为新增激励对象的股权来源；如采用虚拟财产份额的方式进行激励，则持股主体应配合同比例拿出部分财产份额对应的分红，用于虚拟财产份额的激励，且公司将相应调整股权激励计划。

9. 持股主体已知晓并同意，由于公司经营状况不同、分红金额不同等原因，部分股东所持有的财产份额数量可能发生变动等情形，都将导致其所持有的财产份额或虚拟财产份额分红有变动。

10. 法律、法规规定的其他相关权利义务。

财产份额的管理

（一）财产份额转让的管理

1. 财产份额转让

（1）持股主体自取得财产份额之日起存在【   】年禁售期、【   】年限售期，第一年可解禁【   】%，第二年可解禁【   】%，第三年可解禁【   】%，第四年可解禁【   】%，第五年可解禁【   】%。解禁的财产份额可依据本计划规定进行转让。

（2）持股主体岗位出现调整的，原则上根据不同岗位持股系数的不同，相应进行财产份额的变动，细则另定。

（3）财产份额转让事宜每年集中办理一至两次，在合伙企业内部，持股主体向普通合伙人提出申请后，由普通合伙人组织集中办理。

（4）财产份额转让价款及支付时间应当依据财产份额转让协议约定操作。

（5）持股主体转让财产份额原则上应当在合伙企业内部转让，如未有合适受让方，则应当转让给普通合伙人，由普通合伙人暂时持有。

2. 转让价格

（1）财产份额转让的价格原则上由转让方与受让方协商确定。

（2）经协商无法达成一致的，应当以公司上年度财务决算报表显示的净资产价值确定，已分享上年度利润分配的，在间接持有股权对应净资产价值的基础上扣除上年度利润分配。

3. 特殊约定

持股期间任何持股主体损害公司利益造成实际损失的，应责令其个人予以赔偿，个人赔偿不足的部分，应从其分红收益、财产份额转让价款中对公司进行赔偿。

（二）财产份额退出的管理

1. 强制退出的特殊情形

持股主体解禁合伙企业财产份额后，原则上不强制退出，但有以下情形的除外：

（1）有《公司法》第146条规定的不得担任公司的董事、监事以及高级管理人员情形的。

（2）利用职权收受贿赂或其他违法收入，侵占公司财产的。

（3）挪用公司资金的。

（4）将公司资金以个人名义或其他个人名义开立账

户存储的。

（5）违反公司章程的规定，未经股东会、股东大会或者董事会同意，将公司资金借贷给他人或者以公司财产为他人提供担保的。

（6）违反公司章程的规定或者未经股东会、股东大会同意，与本公司订立合同或者进行交易的。

（7）未经股东会或者股东大会同意，利用职务便利为自己或者他人谋取属于公司的商业机会，自营或者为他人经营与所任职公司同类的业务的。

（8）接受他人与公司交易的佣金归为己有的。

（9）擅自披露公司秘密的。

（10）未对公司尽到忠实义务和勤勉义务的。

（11）公司有充分证据证明该持股主体在任职期间，由于受贿、索贿、贪污、盗窃、泄露经营和技术秘密等损害公司利益、声誉的。

（12）公司有充分证据证明持股主体在与公司有竞争关系的同业企业任职或兼职的。

（13）公司有充分证据证明持股主体投资与公司有竞争关系的同业企业的。

（14）因过错或过失导致被解聘、辞退、除名等情形。

（15）因过错或过失对公司利益造成损失，经公司股东会或董事会决议强制退出的。

（16）违反国家有关法律、行政法规或《公司章程》的规定，且给公司造成重大经济损失的。

（17）因犯罪行为被依法追究刑事责任的。

（18）其他不适宜担任"董监高"，或不适宜被纳入持股人员范围的情形。

2. 解除或终止劳动关系的退出情形

持股主体与公司解除或终止劳动关系的，已解禁的财产份额必须强制退出。未解禁的财产份额由普通合伙人无偿收回。

3. 继承

持股主体持股期间死亡的，全部财产份额需强制退出，变现财产可继承。其退出价格应当以该时点公司净资产价值确定，财产份额由普通合伙人回购。

4. 离婚造成的财产分割

持股主体因离婚造成其所持有财产份额需作为婚内财产被分割时,持股主体所持全部财产份额应当强制退出,其退出价格应当以该时点公司净资产价值确定,财产份额由普通合伙人回购。

5. 民事诉讼造成的财产强制执行

持股主体因涉及借贷等民事诉讼,被法院冻结财产,要求强制执行其持有的财产份额的,持股主体应当优先以个人其他资产作为被执行财产。如一定需要强制执行其持有的财产份额的,持股主体全部财产份额应当强制退出,其退出价格应当以该时点公司净资产价值确定,财产份额由普通合伙人回购,退出价款作为执行对价支付给执行人。

6. 持股主体存在上述第一条及第二条强制退出的特殊情形的,应当比较当年12月31日公司财务报表净资产对应的财产份额价值,与强制退出时点该财产份额对应公司净资产价值孰低,作为退出的价格。给公司造成损失的,还需责成个人进行赔偿,个人赔偿不足的部分,应从其分红收益、财产份额转让价款中对公司进行赔偿。

7. 持股主体从公司退休的,财产份额应当强制退出,由普通合伙人持有,退出价格按照退出时点公司净资产价值计算。

8. 持股主体存在上述第一条强制退出情形时，未解禁的财产份额将被无偿收回，由普通合伙人持有。

虚拟财产份额的管理

（一）虚拟财产份额的转让

虚拟财产份额不允许转让。

（二）虚拟财产份额的收回

持股主体有以下情形的，其持有的虚拟财产份额被强制收回：

（1）连续三年考核分数在60分（含）以下的，其持有的虚拟财产份额全部被收回。

（2）连续两年考核分数在60分（含）以下的，其持有的虚拟财产份额中的50%被收回。

（3）连续三年考核中，第一年考核分数在60分（含）以下，第二年考核分数为60~80分（含），第三年考核分数在60分（含）以下的，其持有的虚拟财产份额中的40%被收回。

（4）连续三年考核中，有两年考核分数为60~80分（含），一年考核分数在60分（含）以下的，其持有的虚拟财产份额中的 30% 被收回。

（5）连续三年考核分数均为 60~80 分（含），其持有的虚拟财产份额中的 20% 被收回。

（6）连续三年考核中，有两年考核分数为 60~80 分（含），一年考核分数在 80 分以上的，其持有的虚拟财产份额中的 10% 被收回。

有上述(1)~(6)情形的，被收回虚拟财产份额的价格，以考核年度中年末财务报表净资产额度最低的年份的净资产价格作为依据计算。

（7）有本计划第八条第二款强制退出的特殊情形的，其持有的虚拟财产份额全部收回，收回价格按照当年 12 月 31 日公司净资产价值对应虚拟财产份额价格的 50% 计算。

（8）非因前述第八条第二款原因与公司解除或终止劳动关系的（为公司发展做出重大贡献的外部人员除外），其持有的虚拟财产份额全部收回，收回价格按照【　　】年【　　】月【　　】日公司财务报表净资产对应的虚拟财产份额价值，与强制退出时点该虚拟财产份额对应公司净资产价值孰低确定。

（9）持股主体死亡、退休或因离婚或诉讼引起财产需处置的，其持有的虚拟财产份额全部收回，收回价格按当年 12 月 31 日年末财务报表对应的净资产价格计算。

其他约定

1. 公司实施本股权激励计划的财务、会计处理及其税收等问题，按有关法律法规、财务制度、会计准则、税务制度规定执行。

2. 本股权激励计划自公司股东会批准之日起生效。

3. 本股权激励计划的解释权属于公司股东会。

4. 本股权激励计划执行期间，公司有权因对接资本市场、引入新投资者、增资或股权转让等事项对本激励计划进行相应调整。

5. 本股权激励计划执行期间，公司股东会有权对本计划进行修订，修订后的股权激励计划经公司股东会审议通过后生效。公司股东会或激励委员会享有对考核指标解释、调整的权利。

虚拟股管理办法

目的

通过按资分配的方式向员工发行虚拟股权，依据公司的经营业绩分享股利；鼓励员工以主人翁的心态参与经营管理，丰富和完善公司激励机制，促进公司和员工的共同发展。

范围

适用于公司全体员工。

定义

（一）虚拟股

虚拟股指公司授予激励对象一种"虚拟"的股票，激励对象可以据此享受一定数量的分红权，但没有所有权、表决权和继承权；不能转让和出售；在离开公司时自动失效。虚拟股票通过其持有者分享公司经营成果，将其长期收益与公司效益相挂钩。

（二）虚拟股东

虚拟股东指出资购买虚拟股权的公司内部人员。

内容

（一）虚拟股东资格

凡自愿出资购买公司虚拟股权的所有内部员工。

（二）虚拟股认购方式

（1）现金认购：即一次性、全部以现金形式认购。

（2）现金+工资认购：即以部分现金和每月部分工资抵扣的形式认购。

（3）工资认购：以每月部分工资抵扣的形式认购。

（4）其他：以年终奖金或部分红利的形式认购。

（三）虚拟股认购数量

依据员工所填写的《虚拟股申购表》进行评审，最终以公司与其签订的《虚拟股份认购书》确定其认购数量。

（四）虚拟股红利年提取标准和计算方法

1. 公司按年度盈利状况分配红利，每年以公司年度净利润的【　　】%提取分配的红利。

2. 每股红利计算方法：每股红利=公司年度净利润/总虚拟股份。

3. 年度股份实际红利计算方法：个人实际可分配虚拟股红利=个人实际持有的股份×每股红利。

（五）虚拟股红利的发放时间和方式

1. 当年的虚拟股红利在次年【　】月发放，以公司公告为准。

2. 虚拟股红利通过银行转账发放到虚拟股东银行卡上，涉及征税部分，由虚拟股东承担。

（六）虚拟股股东的权利

持有虚拟股权人员享有的权利如下：

1. 分红权：有分红权。

2. 表决权：无表决权。

3. 转让权：无转让权和继承权。

4. 优先权：依据其认购数量享有优先认购公司股权的权利和其他公司资源。

（七）虚拟股股东的义务

严禁从事有损公司利益的一切活动，包括同业竞争行为，一旦发现则公司应收回所授予的虚拟股权，并由有关部门依法追究其责任。

（八）股份退出

1. 离职：从离职之日起，虚拟股股东被授予的虚拟股份自动丧失，不再享有任何分红权，退还本金。

2. 解雇：从解雇之日起，虚拟股股东被授予的虚拟股份自动丧失，不再享有任何分红权，退还本金。

3. 强制退出：若进行有损公司利益的一切活动，包括同业竞争，虚拟股股东被授予的虚拟股份自动丧失，不再享有任何分红权。

附则

本办法的修改、补充均须经公司股东会同意。

本办法由公司人力资源部负责解释，自公布之日起实施。

附件：

虚拟股申购表

填表日期：　　年　　月　　日

姓名		职位		身份证号	
所在部门		入职日期		手机号	
实际申购	虚拟股数				
	虚拟股单价				
	总金额				
	认购方式				
申购人签字					
公司审批					

虚拟股权激励办法

目的

为了进一步健全公司激励机制,增强公司管理层对实现公司持续、健康发展的责任感、使命感,确保公司发展目标的实现,制定本办法。

定义

虚拟股权指公司现有股东授予被激励者一定数额的虚拟的股份,被激励者不需出资便可以享受公司价值的增长。被激励者没有虚拟股票的表决权、转让权和继承权,只有分红权。被激励者离开公司将失去继续分享公司价值增长的权利;公司价值下降,被激励者将得不到收益;绩效考评结果不佳将影响到虚拟股份的授予和生效。

激励对象

1. 公司高级管理人员;
2. 公司中层管理人员;

3. 能助企业开创未来的业务骨干；

4. 对公司有卓越贡献的人员（鼓励元老甘为"人梯"，扶持新人成长）；

5. 与公司经历风雨共同成长的老员工（塑造以人为本的企业文化，增强员工对企业的归宿感及认同感）。

激励对象的确定方法如下：总经理室会根据当年的组织结构、岗位设置、岗位重要性和人才的变化情况，在年度股权激励计划中提出当年度具体的激励岗位，经董事会批准生效。后进入公司的新员工如果符合上述条件，总经理室会可以调整当年的股权激励计划，经董事会批准后，新员工可作为当年度的激励对象。

虚拟股权持有数量

虚拟股权分为虚拟职位股、虚拟绩效股和虚拟工龄股，根据虚拟股权激励对象所处的职位、工龄长短以及绩效情况，来确定其当年应持有的虚拟股权数量。

虚拟股权的持有数量＝虚拟职位股数＋虚拟绩效股数＋虚拟工龄股数。

（一）虚拟职位股

虚拟职位股指公司根据虚拟股权激励对象在公司内所

处不同职位而设定的不同股权数量。虚拟职位股数当年不变，次年虚拟职位股依据当年绩效考核结果做相应调整，即：

次年虚拟职位股数 = 当年虚拟职位股数 × 绩效系数

激励对象股权级别评定标准，如表 A-3 所示。

（二）虚拟绩效股

虚拟绩效股指公司根据股权享有者的实际个人工作绩效表现情况，决定到年底是否追加和追加多少虚拟绩效股。每年年初，总经理室确定虚拟股权享有者的年度考核绩效指标；每年年末，根据绩效实际完成情况，按比例分别确定最终增加的股权数量。当年绩效完成情况低于 90 分的人员，取消其享有当年虚拟股的分红资格。

次年增加虚拟绩效股数 = 本人所在岗位的初始职位股数 × 50% × 绩效系数

（三）虚拟工龄股

可以依据员工在本公司工作服务年限，自劳动合同签订后员工到岗之日起至每年年末，按照每年 100 股的标准增加股权数量。虚拟职位股数评定标准，如表 A-4 所示。

表 A-3 激励对象股权级别评定标准

股权级别	基本条件	评定标准
1~3 级	1. 能按指令基本完成岗位说明书的工作 2. 具有长期为公司服务的意愿	1. 具备本岗位工作所需的知识和技能并能基本完成本岗位工作任务（绩效≥70分）：1 级 2. 具备本岗位工作所需的知识和技能并能较好地完成本岗位工作任务（绩效≥80分）：2 级 3. 具备本岗位工作所需的知识和技能并能出色地完成本岗位工作任务（绩效≥85分）：3 级
4~6 级	1. 能独当一面，合格地完成岗位说明书的工作 2. 具有长期为公司服务的意愿	1. 能独当一面，并能合格地完成本岗位工作任务（绩效≥80分）：4 级 2. 能独当一面，并能较好地完成本岗位工作任务（绩效≥85分）：5 级 3. 能独当一面，并能出色地完成本岗位工作任务（绩效≥90分）：6 级
7~9 级	1. 通过自己的技术专长或团队管理能较好地完成岗位说明书的工作 2. 具有长期为公司服务的意愿	1. 具有某一领域的技术专长或团队管理能力并能较好地完成本岗位工作任务（绩效≥80分）：7 级 2. 为他人提供一些专业支持或团队管理能力并能很好地完成本岗位工作任务（绩效≥85分）：8 级 3. 在本岗位服务超过5年，个人或团队管理口碑好，并能出色地完成本岗位工作任务（绩效≥90分）：9 级

（续）

股权级别	基本条件	评定标准
10~12级	1. 通过他人或团队管理能优秀地达成工作目标,并且团队稳定 2. 具有为公司长期服务的意愿	1. 对某领域有深刻而广泛的理解,通过他人或团队管理能较好地达成工作目标(绩效≥80分):10级 2. 为他人提供有效的或创新的指导,通过他人或团队管理能较好地达成工作目标(绩效≥85分):11级 3. 为他人提供业务增长的机会,通过他人或团队管理较好地达成工作目标(绩效≥90分):12级
13~15级	1. 通过战略远见和全局观,为公司发展做出贡献 2. 具有为公司长期服务的意愿	1. 具有系统全面的知识和技能;为公司的战略目标发展做出的贡献达到85%:13级 2. 可根据专业判断制定战略;为公司的战略目标发展做出的贡献达到90%:14级 3. 推动专业水平的发展;为公司的战略目标发展做出的贡献达到95%:15级

表A-4 虚拟职位股数评定标准

职系等级	高级管理人员(股)	其他人员(股)	职系等级	高级管理人员(股)	其他人员(股)
1级	—	500~2000	6级	—	500~5000
2级	—	500~2000	7级	1000~10000	500~8000
3级	—	500~2000	8级	1000~10000	500~8000
4级	—	500~5000	9级	1000~10000	500~8000
5级	—	500~5000	10级	1000~20000	1000~10000
			11级	1000~20000	1000~10000
			12级	1000~20000	1000~10000
			13级	1000~30000	5000~20000
			14级	1000~40000	5000~30000
			15级	1000~80000	5000~50000

激励基金核算、提取

每年以公司年度净资产收益率 6% 作为确定是否授予股权激励基金的考核基准指标。凡公司年度净资产收益率低于 6%（不含 6%）的，不得提取股权激励基金。在完成公司业绩目标的情况下（即净资产收益率达到 6%），按照公司该年度净利润的 5% 核算和提取股权激励基金，在超额完成公司业绩目标的情况下（即净资产收益率超过 6%），激励基金计提的比例和净资产收益率增长的比例同步提高。

某一年度经营环境发生变化，且总经理室认为激励基金提取比例需调整，则可在《年度计划》中提出新的激励基金提取比例。如果净资产收益率达到 6% 的情况下调整后的激励基金提取比例高于 5%，则须由董事会和股东会重新审议通过后才能执行。

激励基金在下一年度的经营成本中列支。

绩效考核办法

绩效考核周期：以一个完整的会计年度为一个周期。

每年年初，根据激励对象所在岗位的岗位职责，确定考核内容，包括工作态度、工作能力和工作业绩等方面的考核，其中工作业绩是重点考核内容。

对工作业绩的考核指标与该岗位的工作性质密切相关，通常包括财务类指标，如净利润、投资回报率等；经营类指标,如市场份额、新业务收入占公司总收入比重等;管理类指标,如流程规范性、员工满意度等;技术类指标,如技术先进性、新品研发进度等。

每年年末,根据年初确定的考核内容,进行个人绩效评估,其结果作为激励对象参与股权激励基金分配的一个依据。

绩效系数确定标准,如表A-5所示。

表A-5 绩效系数确定标准

绩效得分	绩效系数
≥110分	≥1.2
≥100分	≥1.1
≥85分	=1.0
≥75分	≥0.8
≥65分	≥0.6
≥60分	=0.5
<60分	=0

激励基金分配及处理的方法

将当年激励资金总额分为即期基金和预留基金,即期基金和预留基金的比例为9∶1;即期基金是指当年可分配给激励对象的激励资金;预留基金是指当年可用于奖励的基金总额扣除即期基金后的奖励基金,用于储备或支付具备资格的新增员工及岗位职务升迁员工的激励。

（一）虚拟股权的每股现金价值

首先确定参与分红的股权总数，即加总所有股权享有者当年实际参与分红的股权数量，得出参与分红的股权总数。

然后按照下面的公式，计算出每股现金价值。

虚拟股权每股现金价值 = 当年参与分配的分红基金规模 ÷ 实际参与分红的虚拟股权总数。

示例：实行虚拟股权激励制度的第一年，假定其当年实际分红基金数额为 12.75 万元，而当年实际参与分红的虚拟股权总数为 115800 股，所以根据公式，其当年虚拟股权每股现金价值 =127500 元 ÷115800 股 =1.10 元 / 股。

（二）每个虚拟股权持有者的分红办法和分红现金数额

首先将每股现金价值乘以年度考核系数乘以股权享有者持有的股权数量，就可以得到每一个股权享有者当年的分红现金数额。

然后按照"当年分红兑现：结转下年 =90%：10%"的比例结构滚动分配分红现金。即当年发放分红现金的 90% 部分，剩下的 10% 部分计入个人分红账户，结转到虚拟股权享有者下年的分红所得中。

个人实际可分配虚拟股红利＝虚拟股权每股现金价值 × 年度绩效系数 × 虚拟股股数 ×90%

（三）虚拟股权红利的发放

当年的虚拟股红利在次年【　】月发放，虚拟股红利以公司公告为准。虚拟股红利通过银行转账发放到员工的银行卡上，若涉及征税，由员工自己缴付。单个激励岗位分配金额不得高于当年激励基金总量的25%。

虚拟股份的退出

离职：从离职之日起，员工被授予的虚拟股份自动丧失，员工不再享有任何分红权，退还本金。

解雇：从解雇之日起，员工被授予的虚拟股份自动丧失，员工不再享有任何分红权，退还本金。

强制退出：做出有损公司利益的一切活动，包括但不限于竞业禁止行为，员工被授予的虚拟股份自动丧失，员工不再享有任何分红权。

附则

本计划的修改、补充均须经公司股东会同意。

本计划由公司总经理办公室负责解释，自公布之日起实施，实施此激励办法的激励对象不再享有年终奖。